Transformationen –
30 Jahre CityKirchenKonferenz

Kirche in der Stadt

Herausgegeben von

Alexander Höner
Nils Petersen
Christoph Sigrist

Band 27

Die Reihe *Kirche in der Stadt* wurde 1991 von
Hans Werner Dannowski, Wolfgang Grünberg,
Michael Göpfert und Günter Krusche gegründet.

Christoph Sigrist (Hg.)

Transformationen –
30 Jahre CityKirchenKonferenz

Dokumente der CityKirchenKonferenz

EBVERLAG

Kirche in der Stadt
Band 27

Bibliografische Information
der Deutschen Nationalbibliothek

Die Deutsche Nationalbibliothek
verzeichnet diese Publikation in der
Deutschen Nationalbibliografie; detaillierte
bibliografische Daten sind im Internet über
http://dnb.d-nb.de abrufbar.

Umschlagfoto: Bildcollage: Rainer Kuhl
                  Bild rechts: Modell House of one,
                  Copyright: Kuehn Malvezzi/
                  Davide Abbonacci
                  Bild links: St. Marienkirche und
                  Fernsehturm, Copyright:
                  Evang. Kirchgemeinde
                  St. Marien-Friedrichswerder Berlin

Gesamtgestaltung: Rainer Kuhl

Copyright: © EB-Verlag Dr. Brandt
                   Berlin 2022

ISBN: 978-3-86893-424-3

E-Mail: post@ebverlag.de

Internet: www.ebverlag.de

Printed in Germany

Inhaltsverzeichnis

5. Transformationen II: Rückblick

6. Transformationen III: Ausblick

Vorwort des Herausgebers

Christoph Sigrist

„Transformationen der Stadt" – mit diesem Thema luden die Kolleg:innen zur CityKirchenKonferenz (CKK) nach Berlin im Herbst 2021 ein. Mehr als 50 Pfarrpersonen von Deutschland und der Schweiz folgten der Einladung zur dreissigsten CKK, also zur Jubiläumskonferenz „30 Jahre CityKirchenKonferenz". Die CKK nahm 1990 in Hamburg ihren Anfang. Seit Beginn versucht die rote Reihe „Kirche in der Stadt", Praxiserfahrung und Praxisreflexion der Konferenzen festzuhalten. Diese praxisorientierte und wissenschaftliche Reflexion von Stadtkirchenarbeit soll nicht in Stein gemeisselt werden, ihre überraschenden und wertvollen Einsichten jedoch als rote Backsteine dienen, um selbst an der Vision der Citykirche in der eigenen Stadt weiterzubauen.

Wolfgang Grünberg war Praktischer Theologe in Hamburg und seit 1987 Leiter der Arbeitsstelle „Kirche und Stadt" der theologischen Fakultät der Universität Hamburg. Er war Initiant dieser Reihe und langjähriger Spiritus Rector der CKK. 2010 hielt er in Mannheim einen Vortrag mit dem Titel „Stadt- und Citykirchenarbeit", wo er auf 20 Jahre CKK zurückblickte und zum Schluss einen Blick nach vorne mit der provozierenden Frage: „Kann es eine protestantische Reformulierung der Kathedralidee überhaupt geben?" wagte. In diesem Band ist sein Vortrag zum ersten Mal veröffentlich, gleichsam das wertschätzende Vermächtnis des 2016 verstorbenen väterlichen Freunds unserer Konferenz.

Als ich 1996 zum ersten Mal in Basel an der CKK teilnahm, damals als neugewählter Pfarrer der Stadtkirche St. Laurenzen in St. Gallen, nahm mich Grünberg sofort zur Seite und ermutigte mich, in der Citykirchenarbeit weiter zu forschen und zu schreiben. Jedes Jahr fragte er danach. So hielt er meine Freude und Lust wach, die Praxis in meiner Arbeit an Stadtkirchen zusammen mit anderen immer wieder zu reflektieren und durch Visionen und Ideen weiterzuentwickeln. Deshalb kommt der Herausgabe dieses Bandes für mich eine emotionale und hohe Bedeutung zu, und zwar in der Grünbergschen dreifachen Perspektive von Gedächtnis, Gewissen und Ort inszenierter Hoffnung.

Zum *Gedächtnis*: Mir ist es wichtig, dass dreissig Jahre Erfahrung in der Stadtkirchenarbeit nicht verloren gehen. Selbstverständlich arbeiten Kolleg:innen schon Jahrhunderte lang an Stadtkirchen und versuchen, in der Reformation der Kirche die Transformation der Gesellschaft gut protestantisch nicht nur mitzudenken, sondern auch mitzugestalten. Die Erinnerung an die dreissig Jahre, in denen wir vor Ort in den Städten Europas, auch in Chicago, mit Herzblut und Verstand miteinander nachdachten, was andere vorbrachten, ist wie eine Klammer, an die eigene oder von anderen kopierte und angepasste Ideen und Projekte angeheftet werden. Der Vortrag Grünbergs von 2010 wie auch mein auf Grünbergs Erbe basierender Vortrag, den ich in der CKK in Berlin 2021 hielt, umrahmen als eine solche Klammer die Beiträge dieses Bandes. Dazu kommen die Erinnerungen an die Anfänge der Stadtkirchenarbeit, wie sie in Hamburg, Mannheim und Lübeck Gestalt annahmen. Die „Selbstbeweihräucherung des Sprecher:innenrats" wirft einen Blick auf die Struktur des Netzwerkes der CKK, die während Jahrzehnten ohne Hierarchie, dafür mit umso mehr Spass zusammengehalten und für Veränderungen weit offen gehalten wird. Dass es auch so geht und dass auch so auf die Transformationen der letzten 30 Jahre agiert und reagiert werden kann, darf angesichts der bürokratischen Institutionalisierung kirchlichen Stadtlebens nicht in Vergessenheit geraten.

Zum *Gewissen*: Die Beiträge der Kolleg:innen während der CKK in Berlin sind Arbeit am Gewissen für die Stadtkirchenarbeit. Das Eintauchen in die Projekte, Arbeiten und Visionen macht die kirchliche Arbeit in Berlin Mitte zum Forschungslabor für die immerwährend gleiche Frage, wie die Kirchen in den Transformationen der Städte ihre Orte verlieren, finden und neu bauen können. Beobachtungen auf das house of one, auf die Berliner City West, wie auf Kunstprojekte wie Viva la Vulva lenken den Blick auf den Stadtraum als urbane Resonanz für den urbanen Kirchenraum. Die in der CKK gehaltenen Andachten zeugen von der theologisch, liturgischen Arbeit konkret vor Ort als Gewissen für die Transformationen in der Stadt und in der Kirche.

Zum *Ort inszenierter Hoffnung*: Der Ausblick auf eine dritte, prospektive Form von Transformationen im Bereich von Kasualien, landeskirchlichen Aufbrüchen und parochialen Kehrtwenden ermutigt, Denkscheren loszulassen. Lässt man sie los, diese Scheren, die Hoffnungen abschneiden, bevor sie wachsen, dann tauchen sie auf: Segenshochzeiten für alle, Citykirchen als Modellorte für Lern- und Ausprobierprozesse, oder Stadtvisionen für kirchlichen Perspektivenwechsel. In den Erfahrungen von Berlin und Hamburg scheinen Orte voller Hoffnung auf, die Vision „Evangelisch in Altona" nicht nur in Altona und nicht nur evangelisch wirklich werden zu lassen. Diese Erfahrungsberichte ermutigen mich, in Gottes Namen zusammen mit der Stadtseele aller Bewohner:innen die Vision „Christsein" zusammen mit der pluralen, interreligiösen und multikulturellen Stadtseele zu leben.

Mit Blick auf die Herausgabe dieses Bandes gebührt ein grosser Dank an Isabelle Knobel. Sie ist Doktorandin und wissenschaftliche Assistentin an der Dozentur für Diakoniewissenschaft der theologischen Fakultät der Universität Bern und hat die einzelnen Beiträge redaktionell überarbeitet. Ich danke dem

EB-Verlag Dr. Brand in Berlin, insbesondere Rainer Kuhl, für die langjährige Treue in der Verlagsarbeit unserer Reihe „Kirche und Stadt", sowie der Herausgabe des 27. Bandes. Ich danke zudem der Dozentur für Diakoniewissenschaft für den Kostenzuschuss.

Die für die CityKirchenKonferenz provozierende Frage Wolfgang Grünbergs nach einer protestantischen Reformulierung der Kathedralidee wird in den nächsten 10 Jahren wohl selbst reformuliert: Kann es eine christliche Reformulierung der Sakralidee ohne den Dialog und die Begegnung mit anderen Konfessionen und Religionen überhaupt geben? Ich wünsche der CKK ein segensreiches „Bhüeti Gott" für weitere Dekaden fruchtbarer und inspirierender Konferenzen in unseren Städten.

30 Jahre CityKirchenKonferenz (CKK) 1990–2021
Suchet der Stadt Bestes (Jeremia 29,7)

Christoph Sigrist

1.   Rückblick:

1.1. Die CKK von 1990–2010:
Das Erbe Wolfgang Grünbergs

Nach der CKK 2010 hat Wolfgang Grünberg in einem Manuskript sein Vermächtnis der CKK unter dem Titel „Stadt- und Citykirchenarbeit" uns vererbt. Wolfgang Grünberg hat 1990 die Arbeitsstelle „Kirche und Stadt" in Hamburg gegründet.[1] Er war zusammen mit Hans Werner Dannowski lange Zeit Stadtdekan (Stadtsuperintendent) von Hannover, Initiant der CCK. Zusammen mit Michael Göpfert, Pfarrer in München, und Werner Krusche gab er seit 1991 die Reihe „Kirche und Stadt" heraus. Ich erlebte ihn als „spiritus rector" unserer CKK. Er nannte sich selbst „Reflektor und Kommentator". Er war inspirierend und widerspenstig, ermutigend und hinterfragend, getrieben von der Frage, wie Kirche in der Stadt sich zu entfalten hat. Er war zuletzt wohl auch vielen von unserer Generation väterlicher Freund mit einem offenen Ohr und vielen Einfällen. Er verstarb im August 2016 in Hamburg.

In seinem Manuskript hat er rückblickend auf 20 Jahre CKK drei Perspektiven der Stadt- und Citykirchenarbeit beschrieben: Die theologische Perspektive und die neuer Stadtentwicklung,

---

1   Vgl. Grünberg, Wolfgang (2010), Stadt- und Citykirchenarbeit, Schreibmaschinenmanuskript datiert auf den 31. Oktober 2010, einsehbar bei Christoph Sigrist: christoph.sigrist@theol.unibe.ch.

sowie deren Spiegelung in den CKK. Ich zeichne die wichtigsten Punkte von Grünberg nach.[2]

(1) Zur *theologischen Perspektive*: Grünberg definiert unter dem Titel „Babylon – Athen und die Utopie des Neuen, Himmlischen Jerusalems: Körper, Geist und Seele der Stadt als Dimensionen der Stadtkirchenarbeit" Stadtkirchenarbeit wie folgt: „Stadtkirchenarbeit ist kirchliche Arbeit im Blick auf die Vergangenheit, die Gegenwart und die Zukunft des Gemeinwesens (der Stadt, des Stadtteils, des Dorfes) als kulturelles und religiöses Gedächtnis, als Ort des Streits um Würde und Heiligkeit des Lebens und als Ort der Verheissung des Geistes unter pneumatologischer und eschatologischer Perspektive." (186). Er bezieht sich dabei auf biblische Texte wie Gen 18f, Jona, Joel 3–4, Zionspsalmen, 1. Kor 12–14, Apk 21f. und lehnt sich an den Begriff des kulturellen Gedächtnisses vom Religions- und Kulturwissenschaftler Jan Assmann. Der pneumatologische Ansatz impliziert nach Grünberg „einen *kritischen und konstruktiven Richtungssinn*, der die Polisidee als Schutz- und Bildungsraum für das gute Leben ebenso zur Geltung kommen lässt wie die Stadt- und Gesellschaftskritik an *Babylon* – alias Rom – als Symbol der urbanen Welt, und beide mit der Stadtutopie des Neuen Jerusalems *prozessual* verbindet." (187). Kritisch richtet sich der Grünbergsche Ansatz gegen eine „literalistisch-biblizistische und potentiell fundamentalistische Interpretation" der eschatologischen Aussagen. Stattdessen wird der „zukunftsorientierte, anagogische und ethisch-moralische Sinn" (188) hervorgehoben. Mit Jean-François Lyotards Sicht von Zone und Abschied von fixierter Absolutheit zeichnet er das Bild des Vagabunden in der Zone, mit der sich der kommende Gott verbindet: „Der Vagabund braucht und findet Restpunkte, Asylorte, also Gastfreund-

---

2 Ich werde im Folgenden die Zitate in Klammern mit den Seitenzahlen im Fliesstext anführen.

schaft. Hier liegt m.E. die zentrale Aufgabe kirchlicher Präsenz im Netzwerk der Stadt." (189).

Das Bild des Vagabunden hat meine Arbeit in St. Gallen wie Zürich geprägt. Wie ist kirchliche Präsenz angesichts der vagabundierenden Stadt zu beschreiben? Grünberg nimmt Impulse von Fulbert Steffensky und Michael Sievernich SJ auf, um dann seine berühmte Trias zu formulieren (193):

- Die Arbeit am Gewissen der Stadtöffentlichkeit
- Die Sorge für das Gedächtnis der Stadt und ihrer Bewohner:innen
- Die Inszenierung der Hoffnung am jeweiligen Ort[3]

Diese Trias ist bis jetzt für mich Orientierungspunkt meiner Arbeit am Grossmünster in Zürich. Dazu kommt inspirierend, dass Grünberg diese Arbeit im Zusammenhang mit anthropologischen Metaphern wie „Körper, Geist und Seele" der Stadt in Beziehung setzt, um die kirchliche Arbeit mit den „Beschädigungen, Wunden und neuen Gestaltungen" der Stadt, mit Geist und Ungeist der Stadt, mit der „Sorge für die Seele der Stadt und ihrer Menschen" zu verbinden. Die starke Wirkung solch überraschender Bilderkombinationen öffnet neue Denkhorizonte: Kirchen sind nach Grünberg angesichts der morphologischen Gestalt der Stadt „als Spurenhäuser der Geschichte eben auch seelische Erlebnis- und Reifungsräume. All dies kommt freilich nur ins Blickfeld, wenn der religiösen Prägung und Reifung eine Funktion innerhalb der seelischen Entwicklung des Einzelnen – *aber auch des Gemeinwesens als Ganzem* zugetraut wird."[4]

---

3 Die Trias hat Grünberg immer wieder referiert und schon 1990 publiziert: Vgl. Grünberg, Wolfgang (2004), Die Idee der Stadtkirchenarbeit, in: Ders., (Hg.), Die Sprache der Stadt, Leipzig, 139–160, bes. 156–160.

4 Grünberg, Wolfgang (2010), Körper, Geist und Seele der Stadt, in: Volker Herrmann/Martin Horstmann (Hg.), Wichern 3 – gemeinwesendiakonische Impulse, Neukirchen-Vluyn, 165–173, 172.

(2) Zum Zweiten resümiert Grünberg dieses Gemeinwesen, indem er *Phasen der Stadtentwicklung* ab 1945 nachzeichnet: Die Phase zwischen 1945 und 1955 benennt er mit „Enttrümmerung" und dem Abtragen von „Halbruinen", die sich an der „Charta von Athen", geschrieben von Le Corbusier 1941, orientiert. Le Corbusier schlägt die „funktionale Entmischung" als Überwindung von Chaos vor: Wohnen, Arbeit und sich Erholen sollen räumlich getrennt werden.

In der zweiten Phase zwischen 1955 bis 1970 entstehen sogenannte „Trabantenstädte", dafür steht Berlin-Marzan. In der Mitte der Siedlung Einkaufszentren und auch Kirchgemeindezentren. „Im 20. Jahrhundert sind mehr Kirchen (und Gemeindezentren) gebaut worden als in den fünf Jahrhunderten seit der Reformationszeit, die selbst mehr Abrisse und Umnutzungen von Kirchen nach sich zog, als derzeit in vielen Grossstädten diskutiert werden." (195). In der City entstanden Einkaufs- und Verwaltungsmeilen, die Wohnbevölkerung wurde verdrängt. Parallel zu den Trabantenstädten entwickelten sich sogenannte „Speckgürtel" mit ihren „Häuschen im Grünen". Daraus folgte eine Verödung der Innenstädte und Zersiedelung der Stadtränder (Suburbanisierung), sowie die ökonomische und soziale Segregation und stadträumliche Ausdifferenzierung zwischen arm und reich.

Die dritte Phase, 1970–1990, war von der Ambivalenz der Konzepte von Wiederaufbau geprägt. „Das zentrale Rezept hiess: Privatisierung und meint de facto den Rückzug aus dem öffentlichen Raum. Der Wettstreit der Städte und Kommunen um Standortvorteile verschärfte sich." (196).

Die Gegenwart beschreibt Grünberg „düster". In den Innenstädten sickern vier sogenannte A-Gruppen ein: „Arbeitslose, Ausländer, Arme und Alkoholiker" (Dropouts, Looser). Soziale, ethnische und lokale Segregation führt zu „Problemzonen" in der Stadtlandschaft. Ökonomische Entwicklung fördert Polarisierung (197). Die politische, soziale und religiöse Neubewertung der Stadtzentren mit ihren Konzepten von „wachsende Stadt", „Unternehmen Hamburg", „symbolische Kapitalien von Rathaus, Kirchen, Museen, Bahnhöfen, Denkmäler" beschreibt Grünberg am Beispiel der hanseatischen Vorbilder mit ihrer Trias von Rathaus, Marktplatz und Stadtkirche. Eine in den westeuropäischen Raum strahlende Stadtkultur ist nach ihm in diesem hanseatischen Modell eingelagert, die im Laufe der Zeit behutsam protestantisch überarbeitet bzw. uminterpretiert wurde und so Fassung und Funktion von Religion und Urbanität bis heute präsent hält (199).

(3) Schliesslich versucht Grünberg nach einführenden Überlegungen zum Begriff „Citykirche" (200)[5] die *Citykirchenkonferenz* unter dem Fokus einer „Bewegung" zu beschreiben: „Im Konferenzjargon hat sich dafür das Wort ‚Wanderzirkus' durchgesetzt. Hier sind 'Spielleute' am Wirken, oft kühne Künstler und Improvisatoren, die Neues ausprobieren, um darin Gott und dem Zeitgeist zugleich auf der Spur sein zu wollen. ‚Wanderzirkus' heisst auch, dass sich die Konferenzen von Ort zu Ort bewegen. Getagt wird dort, wohin eine Stadt bzw. eine Citykirche einlädt." (201). Es ging um den Erfahrungsaustausch. Kantor:innen und Sozialpädagog:innen waren wegen der Kirchenmusik und sozialer Initiation von Anfang an dabei, ebenso Wolfgang Grünberg als praktischer Theologe. Dem Verhältnis von Stadt

---

5   Vgl. dazu auch: Grünberg, Wolfgang (1995), Die Gastlichkeit des Gotteshauses. Perspektiven der City-Kirchenarbeit, in: Dannowski, Hans Werner/ Grünberg, Wolfgang/Göpfert, Michael/Krusche, Günter/Meister-Karanikas, Ralf (Hg.), City-Kirchen, Kirche in der Stadt, Bd. 5, Hamburg, 162–175, auch: Grünberg, Wolfgang (2004), Citykirchenarbeit, in: Grünberg, Wolfgang, Die Sprache der Stadt, Leipzig, 201–213. In diesen Aufsätzen stellt Grünberg eine weitere Trias zur Diskussion: Rhythmus, Radius und Ritualisierung; Grünberg, Wolfgang, II.2 Die Idee der Stadtkirche. Kirche als Gewissen, Gedächtnis und Hoffnungsort der Stadt, in: Borck, Sebastian/ Gross, Gisela/Grünberg, Wolfgang/Dietrich, Werner (Hg.), Hamburg als Chance der Kirche, Kirche in der Stadt, Bd. 8, Hamburg, 47–51.

und Stadtkirche war geschuldet, dass vor Ort in der Regel im Rathaus der Bürgermeister (oder ein Delegierter von ihm) zum Empfang einlud und meist eine programmatische Rede hielt, in der Citykirche selbst dann der Bischof oder Stadtdekan die Aufwartung machte. Das Basiscredo aller CK-Arbeit, die verlässliche reale und programmatische Öffnung der Citykirchen, fand Beifall von Stadt und Kommune, erntete oft Kopfschütteln bei Kirchenvorständen und Leitungsgremien. Programmatisch hält Grünberg fest: „Erfahrungsaustausch, teilnehmende Beobachtung bei bestimmten Projekten vor Ort, thematische Reflexion der Arbeit unter Rückgriff auf den professionellen Beobachter, Wirkung auf Kommune und Kirche im Sinne von Öffnung und Vernetzung beider Ebenen – sind stets wiederkehrende Konferenzbausteine." (202f).

Die CCK hat kein Büro, ist kein Verein. Die Teilnehmenden zahlen selbst. Die einladende Stadtkirche organisiert in eigener Verantwortung. Die Kontinuität sicherten die Gründungsmitglieder. Seit 2002 ist ein Sprecher:innenrat „per Zuruf und bestätigender Akklamation" installiert, der mit der einladenden Stadtkirche vor Ort die Konferenz plant. „Eingeladen werden übrigens alle, die von sich aus Interesse angemeldet haben." Diese offene Haltung hat sich bis heute durchgesetzt. Die thematischen Schwerpunkte ergaben sich aus Ort und Zeit. (203)

Neben der CCK wurde 2002 die „Ökumenische Arbeitsgemeinschaft der Citykircheneinrichtungen", die diakonischen Einrichtungen meist in der Nähe von Innenstadtkirchen vorweisen und in der Stadtmission, die auf von Johann Hinrich Wichern zurückgeht, und in der Bahnhofmission ihre bekanntesten Zweige hat, ins Leben gerufen. Daneben gibt es auch die von der EKD koordinierte Konferenz der Stadtdekane, die sich alle zwei Jahre trifft und dessen langjähriger Sprecher Hans-Werner Dannowski war.

Als zentralen Fokus der CK-Arbeit sieht Grünberg das Programm, „heraus aus der Gefangenschaft der Kirche" (206) das System der Ortsgemeinden neu zu interpretieren: „Vielmehr könnte theologisch und historisch gezeigt werden, dass im Begriff der Parochie ursprünglich die ‚katholische', sprich umfassende Idee eines die zentralen Lebenswelten der Menschen integrierendes Gemeinverständnisses enthalten ist." (207). „Um der Idee willen, die in der Parochie enthalten war und ist, muss das Insistieren auf ortsgemeindliche Mitgliedschaft als Norm und Regelfall von Kirche kritisiert und relativiert werden." (208) Mit dieser Kritik einher geht für Grünberg das Programm einer „Wiederaneignung des öffentlichen Raums" (209): „Die Wiederentdeckung und Wiederaneignung des öffentlichen Raums begann kirchlich damit, dass die Kirchen selbst als öffentliche Bauten, Räume und Stadtsymbole wiederentdeckt und in die eigene Regie genommen wurden." (211). Dabei spielt die mittelalterliche Kathedralidee für Grünberg eine zentrale Rolle. Er fragt: „Kann es eine protestantische Reformulierung der Kathedralidee überhaupt geben? Ich sehe Citykirchenarbeit in engerem Sinne tatsächlich als Grossversuch an, die Katholizität des Raumes mit seiner typologischen Architektursymbolik protestantisch neu zu adaptieren." (212). Er unterscheidet dabei drei Typen von protestantischer Wiederaneignung: Die Traditionalist:innen, die aus dem grossen Fundus des Gedächtnisses des Raums Gregorianik in der Kirche, Osternächte mit Taufen etc. wieder einführen. Dazu kommen die Avantgardist:innen, die den kritischen Dialog zwischen dem Geist der Kirche, des Raums und der Kunst im Spiegel des Zeitgeistes und der Gegenwart des Heiligen Geistes „als Incognito" aufnehmen. Schliesslich nennt Grünberg die kreativen Bastler:innen, die „Versorgungslücken" der Stadt entdecken, die in der Kirche „befriedigt" werden können, wie es in der „Offenen Kirche Elisabethen" in Basel geschieht. „In allen

Fällen ging und geht es darum, Katholizität protestantisch zu reformulieren und prozesshaft zu inszenieren." (213).

Als Fazit hält Wolfgang Grünberg 2010 fest: „Generell gesehen kann man feststellen, dass sich die Schlüsselpersonen der Citykirchenarbeit mehr und mehr dem kulturprotestantischen Paradigma anschliessen bzw. in diesem verankert sind. Ebenfalls kann man feststellen, dass Schlüsselstellungen an den grossen Citykirchen starke Persönlichkeiten anziehen. Aber die 'zweite' Generation der Citykirchenarbeit steht in den Startlöchern und wird neue Profile und Perspektiven einbringen. Seit 1989 läuft zugleich ein doppelter, interessanter Grossversuch, einmal der, wie sich die theologischen Paradigmen in Ost und West entwickeln werden, zum anderen, wie sie sich zwischen mehr lutherisch geprägten Traditionen in Deutschland und mehr reformierten Tradition in der Schweiz fortschreiben werden, sich ergänzen und verändern. Es bleibt spannend" (214).

1.2. Die CKK von 2011–2021

„Düster". So beschreibt 2010 Grünberg die Gegenwart der Städte. Welche Phase in unseren Städten erleben wir aktuell von 2010–2021? Aus meiner Perspektive erleben wir im westeuropäischen Raum eine Renaissance von lebenswerten, intergenerativen und interkulturellen Stadtentwicklungen, die Urbanität als Wohlfahrtsmix von Wohnen, Arbeiten und Freizeit neu entdecken. Teilhabe, Inklusion und Nachhaltigkeit sind städtepolitische Strategien gegen Gentrifizierung und Entwicklung von Parallelgesellschaften in Quartieren. Die Sichtbarkeit der Religion spiegelt sich bei der Wiederentdeckung der Attraktivität von Sakralbauten wider. Citykirchen kommen wieder in den Fokus der öffentlichen Debatte, wie kirchliche Präsenz, christliche Existenz und religiöse Identität in einer multikulturell und interreligiös ausgestalteten Gesellschaft zu formen sind. Seit 2011 besteht die Projektpartnerschaft „Kirche findet Stadt" zwischen dem Caritasverband Deutschland und der Diakonie Deutschland, die das Zusammenleben im Quartier – Entwicklungspartnerschaften für lebenswerte Quartiere – in den Blick nimmt.[6]

Die zweite Generation der Citykirchenarbeit, also wir älteren Semester, ist 2010 aus den Startlöchern gesprungen und hat versucht, neue Profile und Perspektiven einzubringen. Dabei kommen mir bei der Reflektion der eigenen Arbeit in der vergangenen Dekade folgende Aspekte ins Bewusstsein:

- Die CKK wurde international: Die Besuche in London, Rotterdam, Zürich und Chicago haben unseren Horizont in der Suche nach der Aneignung des öffentlichen Raums und der protestantisch, je mehr noch, der kirchlich-christlichen Reinterpretation der mittelalterlichen Kathedralidee enorm geweitet.

- Der Themenfächer der einzelnen Konferenzen spiegelt den Reichtum der Variationen wider, aus dem wir mit Geistesgegenwart, Gelassenheit, Inspiration und Überforderung zugleich zu schöpfen versuchen.

Kirchen einer Metropole – Zwischen Nischenexistenz und ansteckender Strahlkraft
Himmel. Hölle. Hannover. Kirchen in der lebenswerten Stadt
Die Armen sind der Schatz der Stadt. Manhatten am Maas, Stadtkirchenarbeit in Rotterdam
Schall und Rauch: Stadtliturgien heute
Kirche und Politik
Geld und Geist. Der Tanz um das goldene Kalb – wir und das Geld
I have a dream and Yes, we can. 50 years after the killing of MLK – 10 years after voting the first black president – what remains
Kirche im Öffentlichen Raum

---

6   Vgl. www.kirche-findet-stadt.de, Zugriff 19.10.2021.

- Das Ausbrechen aus der Gefangenschaft der Kirche mit ihrer andauernden Reibung zwischen Parochie der Kirchenorte, der Kirchgemeinden im Quartier und gesamtstädtischer Strahlkraft begleitet uns bis jetzt: Fusionierungsstrategien mit Stellenkürzungen und -verschiebungen, Neid und Missgunst gegenüber der hohen Bedeutung unserer Citykirchen in Pfarrkonventen und Kirchenleitungen stören nach wie vor das Ensemble der Citykirchen in der Innenstadt, erzeugen Frustration und können wohl nur mit einer gehörigen Portion Humor ausgehalten werden.

- Die Inspirationskraft der Besuche in aller Welt war für mich Lebenselixier und Mutanfall (Dorothee Sölle) für meine Arbeit vor Ort in Zürich. Nicht nur, jedoch auch dank der CKK bekam ich Orientierung, was im Kontext von 500 Jahre Reformation und den Prozess der reformierten Kirche zur Minderheit in Zürich und zum Konglomerat von ausschliesslich Minderheit in der Stadt profiliert und verändert werden kann.

1. Ausblick: Thesen

„Stadtkirchen sind Spielräume evangelischer Freiheit". So haben Ralf Meister und Wolfgang Grünberg damals in ihrem Thesenpapier unsere Arbeit zusammengefasst, das von der CKK in Frankfurt/Main am 27. Oktober 1998 einstimmig akzeptiert und beschlossen wurde.[7] Als Ausblick auf die nächste, dritte

---

7 Dieses Thesenpapier hat Grünberg unter V. Anlagen bei seinem Manuskript angefügt (22–25). Vgl. auch: Grünberg, Wolfgang/Meister, Ralf (2003), Thesen zur Citykirchenarbeit (1998). Citykirchenarbeit als Neuinszenierung des Christlichen, in: Brandi-Hinrichs, Friedrich/Reitz-Dinse, Annegret/Grünberg, Wolfgang (Hg.), Räume riskieren. Reflexion, Gestaltung und Theorie in evangelischer Perspektive, Kirche in der Stadt, Bd. 11, Hamburg, 154–157.

Generation der Citykirchenarbeit stelle ich sechs Thesen zur Diskussion. Sie erschliessen sich aus meiner 25-jährigen Citykirchenarbeit und wollen ermutigen, Praxis und Theorie spiralförmig, prospektiv und prozessorientiert fruchtbar miteinander in Einklang zu bringen.

- **Resonanz:** Stadtkirchen als Spielräume evangelischer Freiheit erzeugen Resonanz. Sie spannen mit ihren Kirchtürmen, Kirchenschiffen und Kirchenleben Resonanzkuppeln über die Stadt. Vertikale, horizontale und diagonale Achsen erzeugen nicht isoliert Resonanz. Sondern erst im Ineinanderfliessen von Transzendenz und Immanenz, von Spiritualität und Ökonomie, Individualität und Kollektivität entsteht Klang. Klang wird aus der Stille geboren, deshalb sind Kirchen durch ihre Atmosphären von Licht, Höhe und Tiefe, Stille, Anziehungspunkte von Stadtvagabunden, deren Welt immer in Gefahr ist, zu verstummen: **Stadtkirchen sind Resonanzräume.**
- **Leere**: Stadtkirchen als Spielräume evangelischer Freiheit schützen den leeren Raum. Der lieu vide in der Stadt ist mit Oasen zu vergleichen, wo Menschen sich erholen, oder mit dem leeren Theaterraum (Peter Brook), wo Hoffnungsgeschichten inzensiert werden. Die Leere ist gefüllte Leere, voller Geistesgegenwart von der Begegnung von Menschen mit sich, mit anderen, mit Gott. Stadtkirchen reiben sich per se am Verstellen der Kirche mit Ordnungen und Satzungen, Gärtchen-Denken und Machtgehabe: **Stadtkirchen sind leere Räume.**
- **Öffentlichkeit**: Stadtkirchen als Spielräume evangelischer Freiheit schaffen öffentlichen Raum. Öffentliche Räume stehen in der Stadt immer in Gefahr, privatisiert zu werden. Stadtkirchen spielen mit dem Gedanken, dass Religion immer öffentlich ist, private Rituale sich mit der Öffentlich-

keit biografischer Schwellen reiben. Zudem werden Kirchenmauern durchlässig zum öffentlichen Raum rundherum. Durchlässigkeit ermöglicht, dass Stadt und Kirche sich gegenseitig finden, unvermischt und ungewandelt, ungetrennt und ungesondert (Chalcedon 451.n.Chr.). Der öffentliche Charakter ist bei Nutzungsverschiebungen, Umnutzungen, Verkauf und Neubau von Kirchen und kirchlichen Räumen mit viel Phantasie zu bespielen: **Stadtkirchen sind öffentliche Räume.**

- **Grenzüberschreitung**: Stadtkirchen als Spielräume evangelischer Freiheit überschreiten Raum, Zeit und Religion. Ihre Räume sind Forschungslabore für das Ineinander von analogen und digitalen Räumen, in der die Gegenwart Gottes in der Welt responsiv erklingt. Der chronische Zeitfluss 24/7 wird spielerisch durch Momente von Tagzeiten und Nachtstunden unterbrochen. In den klingenden Forschungslaboren werden Projekte interreligiöser und interkultureller Begegnung initiiert, wo gemeinsam gebetet, gelernt, gelehrt und gefeiert wird. In dieser Projektarbeit spiegelt sich die in Zukunft immer wichtigere Erfahrung, dass die Vision einer pluralen „city of one" in Projekten wie „house of one" (Berlin)[8] und Citykirchen konkrete, heterotope Formen annimmt: **Stadtkirchen sind grenzüberschreitende Räume.**

- **Hybridität**: Stadtkirchen als Spielräume evangelischer Freiheit reinterpretieren Sakralität post-funktional. Unter post-funktional wird eine gesellschaftskritische Vorstellung verstanden, die post-säkulare, post-religiöse, post-koloniale Konzepte zu einer globalen, ganzheitlichen oder holistischen Gesamtschau urbaner Gesellschaft zusammenführt und weiterentwickelt. Stadtkirchen stehen dabei für „Sakralität",

---

8   Vgl. House of One | Willkommen (house-of-one.org), Zugriff: 18.10.2021.

„Transzendenz", „Resonanz", „Spiritualität", oder besonders anmutende Erfahrungspotentiale, die von den Vagabunden der Stadt aktiv gesucht, überraschend gefunden und intensiv erlebt werden. Stadtkirchen erzeugen demnach traditionelle Schwingungen in Gottesdiensten, Andachten, Gebeten und geistlichen Impulsen, wie auch innovative Schwingungen in performativer und transzendierender Gestaltkraft: **Stadtkirchen sind hybride Räume.**

- **Politik:** In Stadtkirchen wird die Erwartung projiziert, anwaltschaftlich für die Benachteiligten der Gesellschaft einzustehen, Asylorte für Fluchtvertriebene zu sein, den Widerstand gegen Gewalt, Rassismus und Antisemitismus, Menschenverachtung und Kommerzialisierung von Lebens-Mittel, die ökologisch dem ganzen Welthaus und der ganzen Polis gehören, zu proklamieren und zu leben. In dem Sinne: **Stadtkirchen sind** ausserhalb von partei- und konfessionspolitischen Machtspielen **politische Räume** für die stummen Stimmen der Stadt.

2. Dreissig Jahre Citykirchenkonferenzen im Überblick

Jahr		Stadt	Thema
1990	I	Hamburg	
1991	II	Hannover	
1992	III	Nürnberg	
1993	IV	Köln	
1994	V	Berlin	
1995	VI	Lübeck/Bad Segeberg	
1996	VII	Basel	
1997	VIII	Dortmund	
1998	IX	Frankfurt a.M.	Religion in der Stadt
1999	X	Stralsund	

2000	XI	Hamburg	
2001	XII	Zürich	Contract Spirituel
2002	XIII	München	Kirche und Kunst
2003	XIV	Hildesheim	Räume riskieren
2004	XV	Dresden	Abbrüche und Aufbrüche
2005	XVI	Lübeck	Together is the key. Stadtkirchenarbeit im Ensemble
2006	XVII	Berlin	Citykirchen 2030 – Vom Exoten zum Modell
2007	XVIII	Berlin (c/o EA Berlin Schwanenwerder)	
2008	XIX	Basel	Münster, Minarett und Symbolbauten multinationaler Konzerne
2009	XX	Berlin (c/o EA Berlin Schwanenwerder)	Stimmen in der Stadt. Strategien der Kommunikation im urbanen Raum
2010	XXI	Mannheim	Citykirchen zwischen kultureller und diakonischer Ausrichtung – ein notwendiger Widerspruch?
2011		Ausgefallen	
2012	XXII	London	Kirchen einer Metropole – Zwischen Nischenexistenz und ansteckender Strahlkraft
2013	XXIII	Hannover	Himmel. Hölle. Hannover. Kirchen in der lebenswerten Stadt
2014	XXIV	Rotterdam	Die Armen sind der Schatz der Stadt. Manhatten am Maas, Stadtkirchenarbeit in Rotterdam
2015	XXV	Dortmund/ Bochum	Schall und Rauch: Stadtliturgien heute
2016	XXVI	Dresden	Kirche und Politik
2017	XXVII	Zürich	Geld und Geist. Der Tanz um das goldene Kalb – wir und das Geld
2018	XXVIII	Chicago	I have a dream and Yes, we can. 50 years after the killing of MLK – 10 years after voting the first black president – what remains
2019	XXIX	Hamburg	Kirche im Öffentlichen Raum
2020		Berlin (ausgefallen_Corona)	
2021	XXX	Berlin	Transformationen der Stadt

Transformationen I: Berlin 2021

Identität und Offenheit

Gregor Hohberg

Kirche in der Stadt

Wenn ich die Kirche verlasse, dann stehe ich mitten in der Stadt.

Auf einmal riecht es anders, es klingt anders, es sieht anders aus. Die Kirche verlassen bedeutet nicht die Glaubenstradition hinter sich zu lassen. Ich kann meinen Glauben mitnehmen, verbunden bleiben und auch wieder zurückgehen in die Kirche. Ich kann mit meiner Glaubenstradition rausgehen, aus der Kirche – in die Stadt hinein. Das bedeutet auch: Abstand zum System, zur Institution. Frischer Wind, wind of change, Stadtgeist. Gespräche mit anderen, die nicht in die Kirche kommen, neue Sichtweisen, Ideen, Gedanken. Andere Glaubenswelten, Anschauungen, Erfahrungen kennenlernen. Die Schönheit der Unterschiede. Das wunderbare Gefühl der Verbundenheit durch Gemeinsamkeiten erleben. Und auch den eigenen Glauben im neuen Licht sehen, Unbekanntes, Inspirierendes darin entdecken, erkennen, dass da noch viel mehr ist als in der Kirche Platz hatte, als je in einer Kirche zu fassen sein wird.

Wenn ich die Kirche verlasse, dann stehe ich mitten in der Stadt. Es riecht anders, es klingt anders, es sieht anders aus.

Die St. Marienkirche steht mitten in Berlin, direkt neben dem Fernsehturm, am Alexanderplatz. Seit über 750 Jahren steht sie dort und verkörpert auf unnachahmliche Weise die geniale Idee der Stadtkirche, die der Mentor und Gründer der Citykirchenkonferenz, Wolfgang Grünberg, so eindrücklich zu neuem Leben erweckte.

Im Äußeren hat sich die Kirche nur wenig verändert in all den Jahrhunderten. Ja, der Zahn der Zeit nagte. Wunden von Bränden und Kriegen mussten restauriert werden. Im Inneren kam es immer mal wieder zu Umordnungen im Geiste neuer Liturgien.

Doch das Umfeld der Kirche hat sich mehrfach radikal verändert. Dem Marktplatz einer brandenburgischen Bürgerstadt folgen Anflüge eines residenzhaften Gebarens. Kaiserliche Ansprüche auf protestantische Führerschaft verführen zu einem großen Lutherdenkmal. Die Nationalsozialisten verlagern das Stadtzentrum gen Westen bevor Krieg und sozialistische Stadtplanung die Altstadt um die Kirche abräumen. Alles um die Kirche herum hat sich verändert. Sie ist geblieben, ein Denkmal der Vergangenheit und entsprechend beschützt und auf äußerliche Unveränderlichkeit gestellt.

Aber in der Kirche, da treffen sich die Menschen der Stadt von heute. Sie tragen ihr Leben in die Kirche, ihr Leiden, ihre Freude. In der Kirche können sie die Kraftfelder und Ressourcen der christlichen Religion finden. Können gestärkt oder motiviert wieder hinaustreten und den anderen begegnen, den vielen Religionslosen dieser Stadt, denen, die anderes glauben, denen, die anders drauf sind.

Wenn ich die Kirche verlasse, dann stehe ich mitten in der Stadt.

Stadtkirche und Stadt sind aufeinander bezogen und das zumeist seit Jahrhunderten. Im Blick auf ihre Citylage wird das auch in Zukunft so bleiben. So entsteht eine Dialektik von Leben und Hegen der eigenen Glaubenstradition in der Kirche und Hinausgehen mit dieser vor die Kirchentür – mitten in die Stadt (im Grunde ein sehr kurzer Weg).

Das funktioniert auch umgekehrt – mit dem in der Stadt Erlebten hineingehen in die Kirche und es dort mit dem Glauben in Verbindung bringen.

Ortswechsel – von der Kirche zum Sakralbau der Zukunft

Dieser hier beschriebene einfache Ortswechsel: in der Kirche sein und vor die Kirche treten, zwischen drinnen und draußen, zwischen Kirchen und anderen Orten, lässt sich gut abstrahieren und so auf die inhaltliche Ausrichtung von Citykirchenarbeit beziehen. Ja er lässt sich, betrachtet als Verhältnisbestimmung von Identität und Offenheit, auch als Grundmuster des christlichen Glaubens und als Basis einer Theologie der Zukunft entfalten.

Von der St. Marienkirche geht man ca. 1000 Schritte zum Nikolaihaus und zur Baustelle des House of One, quasi vom Mittelalter umtost von Gegenwart über einen Zwischenstopp in der Aufklärung hin zu einem Sakralbau der Zukunft, vielleicht zur Religion von Morgen.

Zwischenstopp – Aufklärung

Das Nikolaihaus war im 18. Jh. der Hotspot der Berliner Aufklärung. Der Verleger Friedrich Nikolai, Lessing und Moses Mendelsohn, Frauen und Männer wollten durch rationales Denken Licht in verkrustete Vorstellungen und statische Systeme bringen, wollten Freiräume fürs Denken und Akzeptanz für neues Wissen schaffen.

Das war damals nötig und tut auch heute Not. Nicht nur im Blick auf algorithmusverstärkte Verschwörungsmythen, vielmehr genauso bezogen auf den Glauben an die Allzuständigkeit der Wirtschaft und an die Alllösungskompetenz technik- und mathematikbasierter Wissenschaft und nicht zuletzt sind Kirche und Theologie gefordert ihre Lehren und Strukturen mit dem Schwung ihres Herrn durchzulüften.

Der große Vertreter der Aufklärung, Lessing, war oft Gast im Nikolaihaus. Hier wurde auch über sein Theaterstück, Nathan der Weise, mächtig und munter diskutiert. Ein Stück, in dessen Zentrum die Ringparabel steht, die nahelegt, dass Judentum, Christentum und Islam je auf ihre Weise die Wahrheit Gottes glauben und bewahren. Ein solches Stück war ein Skandal und keine Bühne der Welt wagte es damals dieses Werk zu zeigen. Erst nach Lessings Tod kam es am 14.4.1787 in Berlin zur Uraufführung.

Grundsteinlegung House of One am 27.5.21: Pfarrer Gregor Hohberg, Rabbiner Andreas Nachama und Imam Kadir Sanci (Copyright House of One/René Arnold).

Die gebaute Ringparabel – das House of One

245 Jahre später wird nun unweit des Nikolaihauses die Ringparabel gebaut.

Wieder ist es eine Uraufführung, die hier mitten in Berlin gewagt wird und in dieser Weise nirgends sonst.

Auf dem südlichen Teil der Berliner Museumsinsel entsteht das House of One. Ein Gebäude, in dem sich unter einem Dach eine Synagoge, eine Kirche, eine Moschee und in ihrer Mitte ein vierter Raum, der Raum der Begegnung, befinden werden. Ein Sakralgebäude, das Transzendenz atmet und zugleich weltweit einmalig darin ist, dass hier Gemeinden aus drei verschiedenen Religionen zusammen ein gemeinsames Bet und Lehrhaus errichten. Dieses Haus wird immer wieder als gebaute Ringparabel bezeichnet, weil in ihm Jüd:innen, Christ:innen und Muslim:innen ihre jeweilige Glaubenswahrheit leben und zugleich anerkennen, dass es neben der eigenen auch andere Glaubenswahrheiten gibt. Die zentrale Pointe in Lessings Nathan ist für die House of One Akteure der in dem Stück beschriebene Umgang mit dem eigenen und dem fremden Glauben. Lessing lehrt den kritischen Blick auf die eigene Tradition und verbindet diesen mit einem respektvollen, neugierigen Blick auf das Fremde. Dieser Punkt wird auch im House of One Projekt beherzigt, um sogleich über Lessings Ansatz hinaus zu gehen. Denn in der Perspektive des House of One „ist die Zeit der Ringe vorbei" (Eric Haußmann), die Zeit des Beharrens darauf, die alleinige Wahrheit, also den echten Ring zu besitzen bzw. ihn in einer Art „Ethikolympiade" (Roland Stolte) als einzig echten zu erweisen. Gott allein ist und bleibt der Hüter der letzten Wahrheit. Er allein besitzt den echten Ring und legt den Menschen den verantwortlichen Umgang mit der stets unabgeschlossenen Wahrheit ans Herz.

Die Fragen nach Gott und den letzten Dingen kann kein Mensch und keine Religion abschließend beantworten. Alle menschlichen Glaubenssysteme und auch alle theologisch-philosophischen Erkenntnisse bewegen sich im Vorletzten.

Die komparative Theologie hat diesen Ansatz zu einer Methode der wissenschaftlichen Betrachtung von Religionen erhoben. Die Wahrheitsfrage wird zur Seite gestellt, weil sie offen und unter Menschen nicht abschließend zu klären ist. Stattdessen wird die Glaubenspraxis verschiedener Religionen verglichen und auf mögliche Analogien hin untersucht.

Identität und Offenheit in Citykirchen – und Gemeindearbeit

Eine solche Analogie findet sich in den Schöpfungslehren der drei monotheistischen Religionen.

Von der Erschaffung des Menschen an, von dem Moment an, da Gott der Schöpfer seine Geschöpfe freigesetzt hat, geht es im Leben immer um das Ausbalancieren des Verhältnisses von Differenz und Verbundenheit, von Identität und Offenheit. Das betrifft das Leben von Einzelnen ebenso wie das von Gemeinschaften und von sozial-gesellschaftlichen Strukturen jeder Art. Es lässt sich z.B. auch bezogen auf das Verhältnis von Citykirchenarbeit und klassisch parochiebezogener Arbeit beobachten.

Citykirchenarbeit erwächst, indem einer Gemeinde oder ihren Mitarbeitenden bewusst wird, dass sich ihre Kirche mitten in der Stadt, in einem urban verdichteten Kerngebiet befindet und als Gebäude öffentliche Ausstrahlung weit über parochiale Grenzen hinaus besitzt. Und die sodann diesen Umstand aufgreifen und sich für eine Öffnung und Außenorientierung von Kirche, für eine überparochiale kirchliche Arbeit einsetzen.

Handlungsleitend ist dann nicht mehr die Frage: Was braucht die Ortsgemeinde? Vielmehr: Was braucht die Stadt von uns als Glaubensgemeinschaft? Diese veränderte Fragerichtung führt dazu, dass Türen aufgestoßen, Kreise aufgebrochen und Menschen erreicht werden, die zuvor nicht mit Kirche in Berührung kamen.

Natürlich löst eine solche Bewegung auch Ängste bei Vertreter:innen der Ortsgemeinde aus. Das schlägt sich vom Aufkommen der Citykirchenbewegung Ende der 80er Jahre an bis zum heutigen Tag nieder, im zähen Ringen zwischen diesen unterschiedlichen Ansätzen und Arbeitsweisen. Es kam zu Ausdifferenzierungen und zugleich Verknüpfungsversuchen jeglicher Art, Versuchen des Aufteilens und Austarierens. Es gibt Innenstadtkirchen, an denen eine Aufteilung der Arbeitsfelder über Pfarrpersonen erfolgt: Ein Pfarrer kümmert sich um die Ortsgemeinde, eine zweite Pfarrerin um die Citykirchenarbeit.

In Potsdam liegt der Schwerpunkt der kirchlichen Arbeit an der gerade im Bau befindlichen Garnisonkirche, eine Kirche ohne Ortsgemeinde, auf der Außen- und Stadtorientierung, während die Gemeinde, die um die Kirche herum ansässig ist, die parochiale Arbeit leistet. In der St. Petri-St. Marien-Gemeinde in der Mitte Berlins wird versucht parochieorientierte Arbeitsfelder in die Hände von ehrenamtlich Mitarbeitenden zu legen, um den hauptamtlichen Mitarbeitenden so Freiräume für Citykirchenarbeit zu ermöglichen.

In den vergangenen Jahren hat sich mehr und mehr gezeigt, dass unabhängig von der Art der Aufteilung der Arbeitsfelder beide Aspekte kirchlicher Arbeit an Citykirchen gebraucht werden. Es braucht eine spirituelle Trägergruppe, eine Gemeinschaft die die Glaubensidentität vor Ort konkret lebt und verantwortet, genauso wie citykirchliche Arbeit, die diese Identität immer wieder einladend und in großer Offenheit hinausträgt in die Stadt. Im Idealfall gelingt es als Gemeinde über die Gemeinde hinauszuwirken. Denn beide Ansätze, Citykirchen- und klassische Gemeindearbeit, verfolgen ja ein gemeinsames Ziel: die Verkündigung des Evangeliums. Dieses Ziel hat im Ergebnis oft hochverbindliche Folgen. Wer für Christus gewonnen ist, will in der Regel auch zu seiner Gemeinschaft gehören. Das bedeutet: da, wo citykirchliche Arbeit erfolgreich ist, wird sie früher oder später die Gemeinschaft stärken oder gar zu neuer Gemeinschaftsbildung führen.

Eine Gemeinschaft von Unterschiedlichen
Identität und Offenheit und der vierte Raum im House of One

Das lässt sich auch beim House of One Projekt beobachten. Das Projekt ist im Jahre 2009 als typisch citykirchliche Idee aus der St. Petri-St. Marien-Gemeinde hervorgegangen. Am Anfang stand auch hier die Frage: Was braucht die Stadt von uns?

Sie brauchte eine Antwort auf die Frage: Wie kann das friedliche Zusammenleben von Menschen unterschiedlicher Herkunft und Religion gelingen und was können die Religionen dazu beitragen? Die Antwort war und ist das House of One, das Haus der Drei und mehr Religionen.

Heute, 12 Jahre später, gibt es immer mehr Menschen, die zur House of One Gemeinschaft gehören wollen. Doch was für eine Gemeinschaft bildet sich da? Eine multireligiöse, eine bahaiartige Mischung? Offensichtlich keine evangelische, auch keine christliche, eher etwas Neues, noch nicht recht Fassbares. Mit Sicherheit lässt sich sagen, dass eine Gemeinschaft von Unterschiedlichen entsteht.

Wie kann es in so einer Gemeinschaft Verbundenheit ohne Vermischungen geben, wie das Verhältnis von Differenz und Gemeinsamkeit austariert werden? Zudem das House of One

Projekt ja nie darauf zielte, den kleinsten gemeinsamen Nenner zwischen den Religionen zum Maßstab des Miteinanders zu machen, sondern in der Fülle der jeweiligen Glaubenstraditionen in einem Hause zusammenkommen zu können. Dieser Grundgedanke wird auch baulich sichtbar. Es wird im Hause drei voneinander getrennte Sakral-, bzw. Gebetsräume geben, eben Synagoge, Kirche und Moschee, in denen Jüd:innen, Christ:innen und Muslim:innen ihre Religionen in ihrer jeweiligen Besonderheit leben. Doch diese drei Räume gruppieren sich um einen vierten Raum in ihrer Mitte. Dort kommen die Unterschiedlichen zusammen, dort begegnet man denen, die anderes glauben, kann sich austauschen, voneinander lernen, miteinander nach gemeinsamen liturgischen Formen suchen, sie ausprobieren, beten und feiern. Der vierte, zentrale Raum dient zudem als Scharnier zur mehrheitlich säkularen und religiös stark diversifizierten Stadtgesellschaft. Diesen Raum werden die drei erstbewohnenden Gemeinden Atheist:innen, Agnostiker:innen, Suchenden und Menschen anderer Religionen zur Verfügung stellen, sie aktiv einladen und das Gespräch mit ihnen in gemeinsam verantworteter Gastfreundschaft pflegen.

Nicht zuletzt ist der vierte Raum auch ein religiös und symbolisch ungeprägter Raum. Auf diese Weise steht er für die grundsätzliche Offenheit und Unabgeschlossenheit, die jeder Religion im Blick auf Gott eingeschrieben ist. Er zeigt die Grenzen der eigenen Glaubenswahrheit auf und symbolisiert zugleich ihre ewige Unabgeschlossenheit. Im vierten Raum wird das Bewusstsein für das, was fehlt, wachgehalten.

Die Notwendigkeit eines Hin- und Hergehens zwischen den drei Sakralräumen und dem vierten Raum ist baulich angelegt und konzeptionell gewollt. Darin steckt das Geheimnis der Lebensmöglichkeit einer Gemeinschaft von Unterschiedlichen. Anders ausgedrückt, im Wechselschritt zwischen dem Leben der eigenen Glaubensidentität und der Offenheit für den Glauben der anderen soll sich die House of One Gemeinschaft entwickeln.

Daher spielen auch die drei Gründergemeinden des Projektes eine bleibend zentrale Rolle. Sie garantieren die Rückbindung der jeweiligen Religion an eine spirituell verantwortliche Trägergruppe und somit an eine konkret gelebte Glaubenspraxis. Das Grundmuster allen Lebens, das sich auch im Verhältnis von Citykirchen- und parochialer Arbeit findet, zeigt sich auch hier.

4. Raum/Zentralraum House of One
(Copyright KuehnMalvezzi/Davide Abbonacci).

Das House of One, das Abendmahl und eine neue Seinsweise von Religion?

Das House of One Projekt wächst auf allen Ebenen rasant und wild. Nach Innen durch die tagtägliche Zusammenarbeit der Protagonist:innen. Im Äußeren durch ein immer weiter gewebtes Netz aus Kontakten, Kooperationsprojekten, Förder:innen und Unterstützer:innen. Es reicht inzwischen weit über die drei Günderreligionen hinaus, über Konfessions- und Landesgrenzen hinweg. Das hat natürlich Auswirkungen auf Strukturen und auch auf die inhaltliche Arbeit.

So ist das House of One Team herausgefordert Strukturen so zu gestalten, dass die Kernidee und ihr strikter Gemeindebezug (drei Gemeinden leben ihre konkrete Glaubenspraxis im Haus) erhalten bleiben und das Projekt dennoch über die Gemeinden und ihre Kapazitäten hinauswachsen kann.

Außerdem ist das House of One Team gefragt sein theologisches Nachdenken und sein liturgisches Handeln bezogen auf das Zusammenspiel von Identität und Offenheit weiter zu entfalten. Offenheit ohne Identität lässt Glauben unkenntlich und schwach werden. Identität ohne Offenheit führt zu einem festgefahrenen und sich schwächenden Glauben. Wie kann es gelingen, dass zunehmende Fliehkräfte dieses Zusammenspiel nicht auseinanderreißen?

Auf diese Frage gibt es in den Religionen sehr unterschiedliche Antworten. Eine Antwort findet sich im Grundbestand des christlichen Glaubens. Das Abendmahl, als Symbol der Mahlgemeinschaften, die Jesus lebte, hält beides zusammen: Identität und Offenheit. Es besitzt in seinem Kern einen Sammlungs- und einen Sendungsaspekt. Es dient der Selbstvergewisserung und Pflege der Glaubensidentität und ist zugleich Zeichen allergrößter, einladender Offenheit.

Jesus hat mit seinen Mahlgemeinschaften verdeutlicht, dass
die Grenzen des Glaubens und die der Sozialgestalten des Glaubens (also auch der Kirchen) nicht die Grenzen der Gnade Gottes
sind. Das Abendmahl ist auch bekenntnishaftes Glaubenssym-
bol, ja. Aber zu allererst ist es Zeichen der vorbehaltlosen Liebe
Gottes. Im Abendmahl feiern Christ:innen die Selbstentäuße-
rung Gottes und diese geschieht ohne Vorbedingungen über alle
kirchlichen Regeln und religiösen Grenzen hinweg in alle Menschen hinein. Durch die Verbindung von verbalen und nonverba-
len Elementen im Abendmahlsgeschehen reicht das Abendmahl
zudem über versprachlichte Grenzen, wie sie für Offenbarun-
gen, Lehren und Kulturen gelten, hinaus. So erweist sich das
Abendmahl als eine wunderbare Ermutigung zu einem offenen,
ja verschwenderischen Umgang mit der christlichen Glaubensidentität. Oder wie es der katholische Theologe Ottmar Fuchs
in seinem inspirierenden Buch: Der zerrissene Gott, schreibt:
„Ich plädiere für den ‚Ausverkauf' der Sakramente denn ‚es gibt
nichts Niederschwelligeres als die Sakramente'." „Dies wäre
(dann auch) die neue Seinsweise der Religion…diese Dialektik
von Sammlung und (Auf-)Lösung… zum eigenen Programm zu
erheben."[1]

Wenn ich die Kirche verlasse, dann stehe ich mitten in der
Stadt.

Die Kirche verlassen bedeutet nicht, seine Glaubenstradition hinter sich zu lassen Ich kann meinen Glauben mitnehmen,
verbunden bleiben und auch wieder zurückgehen in die Kirche.
Aber es bedeutet ernst zu machen mit der Dialektik von Identität
und Offenheit und auf diese Weise zu riskieren, dass sich Religion in einer neuen Seinsweise entfaltet, sich verändert, über die
Citykirchenarbeit hinaus hin zu etwas Neuem, noch nicht recht

---

1   Fuchs, Ottmar (2016[3]), Der zerrissene Gott, Ostfildern, 217.

Fassbarem, etwas das gleichermaßen mit konkret gelebten Religionen verbunden und zugleich religionsoffen ist.

Vielleicht etwas, wie das House of One in Berlin...

Modell House of One (Copyright KuehnMalvezzi/Davide Abbonacci).

Ein Leitbild für die Zukunft der Berliner City West
Das WerkStadtForum und die Gedächtniskirche mittendrin

Martin Germer

Neben der alten Berliner Mitte zwischen Brandenburger Tor und Alexanderplatz hatte sich um die Kaiser-Wilhelm-Gedächtnis-Kirche herum mit Kurfürstendamm, Tauentzienstraße und Bahnhof Zoo schon seit dem Ende des 19. Jahrhunderts ein neues, zweites Stadtzentrum entwickelt. Nach dem 2. Weltkrieg zur Mitte des damaligen West-Berlins geworden, aber auch in den Jahrzehnten seit der Wiedervereinigung Berlins wirtschaftlich, kulturell und nicht zuletzt in der internationalen Wahrnehmung immer gleichrangige zweite Stadtmitte geblieben, sieht die City West sich heute vor großen Transformationsnotwendigkeiten durch den weltweit erlebbaren Funktionswandel der Innenstädte ebenso wie durch den fortschreitenden Klimawandel.

Statt isolierter Einzelplanungen braucht es ein ganzheitliches Entwicklungskonzept für das nicht nur durch Geschäftsstraßen und öffentliche Bauten, sondern fast überall zugleich durch dichte Wohnbebauung geprägte Gebiet der City West zwischen dem Wittenbergplatz, dem Ernst-Reuter-Platz mit dem Campus der Technischen Universität und dem Messegelände am Funkturm. Und es braucht die Beteiligung möglichst vieler Akteur:innen: Bewohner:innen, Eigentümer:innen und Gewerbetreibende, Investor:innen und Vertreter:innen der örtlichen Institutionen, von den Universitäten bis hin zur Stadtmission, Kulturschaffende, Fachleute für Stadt- und Grünplanung, für Mobilitätsentwicklung und nachhaltiges Bauen, für Immobilienwirtschaft und Verwaltungsrecht, Aktive in der Kommunalpolitik und Spezialist:innen aus der Verwaltung.

Hierzu wurde im Herbst 2019 das WerkStadtForum gegründet im Zusammenwirken des Verwaltungsbezirks Charlottenburg-Wilmersdorf, der AG City als agiler, um Verknüpfung bemühter Zusammenschluss der Akteur:innen vor Ort, der Industrie- und Handelskammer zu Berlin, des Vereins Berliner Kaufleute und Industrieller und des Deutschen Werkbunds Berlin. Die Mitglieder des 18-köpfigen Kuratoriums, darunter auch der Pfarrer der Gedächtniskirche, und die zahlreichen Referent:innen sind ausnahmslos ehrenamtlich tätig. Die Kosten für das zweiköpfige Moderatorenteam und die Geschäftsräume werden durch privatwirtschaftliche Spenden gedeckt, wobei das Kuratorium aber sehr auf die fachliche Unabhängigkeit des WerkStadtForums bedacht ist.

Nach zahlreichen interdisziplinären Workshops und Kuratoriumssitzungen konnte, allen pandemiebedingten Einschränkungen zum Trotz, im Mai 2020 die „Charta City West 2040" veröffentlicht werden. Sie trägt als Logo das sechseckige Signet des WerkStadtForums, mit dem bewusst der Grundriss des Glockenturms der Gedächtniskirche aufgenommen wird; diese wird dabei gern auch als „Nukleus" der City West bezeichnet.

Hauptbestandteil der Charta unter dem Motto „City West – die offene Stadt" ist das „Leitbild City West 2040". Es umfasst 79 Zielformulierungen für die folgenden Handlungsfelder: Mobilität; Stadtökologie und nachhaltiges Bauen; Kreislaufstadt; Digitalisierung; Nutzungen; Wohnen & soziale Stadt; Gewerbe, Büro, Bildung & Forschung; Kultur; Städtebau und Architektur. Das Leitbild wird ergänzt durch ein Mobilitätskonzept, ein Betreiberkonzept, die Vorstufe eines städtebaulichen Rahmenplans für den zentralen Bereich um den Breitscheidplatz herum und durch rechtliche Handlungsempfehlungen für Politik und Verwaltung.

Wie bei den umgreifenden Zielstellungen von Offenheit, Nachhaltigkeit, Funktionalität und Attraktivität immer zugleich der Mensch im Zentrum der Überlegungen steht, zeigt die folgende Auswahl von Zielen des Leitbildes:

10. Die City West ist multifunktional und mehrdimensional. Ihre Grün- und Freiflächen sind nicht nur ebenerdig offen – in allen Etagen finden sich öffentlich und vielfältig nutzbare und allen sozialen Gruppen zugängliche Flächen... um Raum für Kultur, Sport, Freizeit und urbane Landwirtschaft zu bieten.

41. Die City West soll ein Ort sein, in dem auch stadtarme Menschen in der Stadt wohnen, leben und sich bewegen können. Diese müssen die Chance haben, Stadt zu konsumieren, ohne Geld dafür aufzubringen. Die entsprechende Ausgestaltung konsumfreier Orte zum Verweilen sowie Veranstaltungen ohne Konsumzwang tragen zur Realisierung dieses Ziels bei.

42. Die City West fördert die soziale Gerechtigkeit, indem bei neuen Bauprojekten in den Wohnungsbaufonds eingezahlt wird, was langfristig den Neubau von kommunalem und sozialem Wohnraum stärkt.

44. Die City West schafft und stärkt vorzugsweise in ihren Seitenstraßen das Wohnen und fördert Projekte für das altersgerechte Wohnen, im Besonderen das Mehrgenerationen-Wohnen, um dem hohen Anteil an über 60-Jährigen gerecht zu werden.

60. Die City West ist ein neues kulturelles Zentrum und vereint Hoch-, Pop- und Subkultur sowie kirchliche/ religiöse Gemeindearbeit und andere populäre Kultureinrichtungen und -aktivitäten.

61. Die City West stärkt ihre Identität und kulturelle Prägung durch die Implementierung von unbeplanten Räumen, die sich die Stadtgesellschaft nutzbar machen kann.

73. Die City West gibt dem Stadtplatz seine sinnstiftende Bedeutung zurück, wodurch bestehende Begegnungsorte mit höchster räumlicher Qualität und Attraktivität sowie einem identitätsstiftenden Charakter gestärkt und gefestigt werden und neue entstehen.

Zur exemplarischen Konkretisierung von Zielen des Leitbildes konnte bereits ermittelt werden, wie im engeren Bereich der City West, in den Straßen um die Gedächtniskirche herum, etwa 800 neue Wohneinheiten entstehen könnten, durch Rückumwandlung von Gewerberäumen und Dachgeschossausbau ebenso wie durch Aufstockung und Neubau – und zugleich Büroflächen für 11.000 neue Arbeitsplätze, was in diesem durch ÖPNV sehr gut erschlossenen Bereich zur Verkehrsvermeidung beitragen könnte. Auf Dächern könnten 20.000 m² öffentliche grüne Freiflächen entstehen und auf Straßen und Plätzen 800 neue Stadtbäume gepflanzt werden. Flächenpotenziale zur Entsiegelung wurden ebenfalls identifiziert.

So arbeitet das WerkStadtForum zielstrebig weiter und lädt zu aktiver Beteiligung ein. Ziele und Ergebnisse werden in die öffentliche Diskussion und in die behördlichen Planungsprozesse eingebracht, so aktuell in die Bereichsentwicklungsplanung des Verwaltungsbezirks für die City West und im Jahr 2021 in die öffentliche Diskussion um ein weit weniger differenziertes und nur mäßig innovatives Entwicklungskonzept für die City West aus der zuständigen Senatsverwaltung des Landes Berlin.

Aus Sicht der Gedächtniskirche besteht besonders starkes Interesse an baldiger Umsetzung des unter anderem auf eine starke Reduzierung des motorisierten Individualverkehrs in der Innenstadt ausgerichteten Mobilitätskonzepts der „Charta 2040" um den Breitscheidplatz herum. Dies würde mit einer geänderten Verkehrsführung die Attraktivität des Platzes für Fußgänger:innen erhöhen und damit zugleich den Entwicklungsvorhaben der Gedächtniskirche mit Neugestaltung und Erweiterung ihrer Ausstellung im Alten Turm und mit Außengastronomie um den bisherigen Foyeranbau herum zugutekommen. Und es würde endlich die nach dem Terroranschlag vom 19. Dezember 2016 rund um die Kirche aufgestellten provisorischen Schutzbarrieren und Absperrpoller überflüssig machen.

Starkes Interesse könnte auch an der Neubebauung des großen Karstadt-Areals schräg gegenüber der Kirche am Kurfürstendamm bestehen. Die Planungen des Investors sehen hier,
entsprechend den Zielen des Leitbildes, erhebliche Flächenan-
teile auf mehreren Ebenen für freie öffentliche und für kulturelle
Nutzungen vor, in Verbindung mit zwei oder drei, im Respektab-
stand zur Gedächtniskirche angeordneten Hochhäusern, die zur
Bildung einer modernen „Stadtkrone" um den Breitscheidplatz
herum beitragen würden. Hier könnten sich für die Kirche interessante Möglichkeiten der Zusammenarbeit ergeben in einer
ansonsten bisher fast ausschließlich durch kommerzielle Nutzungen geprägten Umgebung.

Dies setzt allerdings auch voraus, dass die Gedächtniskirche selbst finanziell und personell in die Lage versetzt wird, als
Kooperationspartner in die Nachbarschaft hinein agieren zu können. Hier ist die Landeskirche gefragt, ob sie das urbane und
kommunikative Entwicklungspotenzial an diesem zentralen Ort
nutzen und mit gesamtkirchlichen Mitteln fördern möchte.

Siehe: www.werkstadtforum.de.

Viva la vulva!
Transforming Urban Public Space

Annegret Kaufmann und Bertram J. Schirr

Cruising Utopias – Pop-Up-Öffentlichkeit und durchkreuzte Räume in der Pandemie

„Viva-la-Vulva-Workshop. In der Dorfkirche. In Tempelhof. Das klingt schon sehr Berlin", fasst es eine Pfarrperson aus der Pfalz zusammen, die zur letzten von drei Aktionen kam, bei denen öffentliche Räume, ihre Zeichen und Sinnsysteme durchkreuzt wurden.[1] Und darin ist die hier beschriebene Aktionsreihe wirklich „sehr Berlin" insbesondere unter Pandemiebedingungen. Denn die Pandemie verschärft widerstreitende Diskurse zum öffentlichen Raum und zur Repräsentation von Identität und Weltanschauung:

1. In der Pandemie und durch den Rückzug ins Private haben sich die Kämpfe um die öffentliche Sphäre intensiviert wie nie zuvor. Neue Powerbroker, Digitalisierung, Kommunikationswege, Allianzen, Formen künstlerischen, politischen und spirituellen Protests und Vergemeinschaftungen tauchen auf.[2]

---

1 Vgl. Schmidt, Christian (2009), Street Art. Zeichen der Zeit, in: Ders./ Klitzke, Katrin (Hg.), Street Art. Legenden zur Straße, Berlin, 194–205.
2 Askanius, Tina/Stubbe Ostergaard, Liv (Hg.) (2014), Reclaiming the Public Sphere, Heidelberg. Es wäre spannend, aber es fehlt der Platz, diese Kategorien für das vorgestellte Projekt durchzugehen.

2. Die Möglichkeit der Versammlung, oder kultur- und gender-
    theoretisch Assembly[3] oder Assemblage[4], also das lebens-
    und sinnwichtige, symbolisch-repräsentative und zugleich
    politische, physikalische Besetzen von Raum in der Öffent-
    lichkeit, wie bspw. in der Occupy-Bewegung, war durch die
    Covid-19-Situation massiv eingeschränkt. Öffentliche und
    kulturbespielte Plätze wurden zunehmend im kleineren und
    auch fragmentierteren Rahmen zur Rettungsleine des pande-
    mischen Lebens, Kirchen genauso wie die Parkanlagen der
    Kieze.

3. In der Zeit der Aktion, im Frühjahr 2021, war in den sozia-
    len Medien ein deutlicher Backlash gegenüber befreienden,
    feministisch- und queer-theologischen Themen, die von
    der evangelischen Kirche Berlin-Brandenburg-Schlesische
    Oberlausitz in die Öffentlichkeit gebracht wurden, spürbar.

4. Das gesamte Berliner Stadtgebiet wird an allen Ecken und
    Enden umgebaut, neue Viertel entstehen oder werden erneu-
    ert. Das betrifft auch die Dorfkirche im Zusammenhang mit
    der sog. Neue Mitte Tempelhof als einen „Ort für alle".[5]

5. Zugleich wurden Kirchenmenschen in Berlin und überall
    aktiv und kreativ. Neben der Bewegung der Dritten Orte,[6]
    die Pionierprojekte in ähnlicher Tradition wie die Erpro-
    bungsräume der EKMD[7] oder EKIR[8] u.v.a. mit neuen
    öffentlichen Begegnungszonen von Kirche und Gesellschaft

---

3   Butler, Judith (2016), Anmerkungen zu einer performativen Theorie der
    Versammlung, Berlin; Hardt, Michael/Negri, Antonio (2017), Assembly,
    Oxford.

4   Ursprünglich ein Begriff von Guattari und De Leuze, systematisiert zugäng-
    lich von: De Landa, Manuel (2016), Assemblage Theory, Edinburgh.

5   www.berlin.de/neue-mitte-tempelhof, Zugriff: 31.6.2022.

6   https://innovation.ekbo.de/dritte-orte.html, Zugriff: 31.6.2022. Vgl. Olden-
    burg, Ray (1999), The Great Good Place, New York.

7   https://www.ekmd.de/aktuell/projekte-und-aktionen/ekm-erprobungsra-
    eume, Zugriff: 31.6.2022.

8   https://www2.ekir.de/themen/ueber-uns/erprobungsraeume, Zugriff: 31.6.2022.

angehen, grassierte bei vielen eine neue Pop-Up-Mentalität. In Aufnahme performativer Do-it-yourself- und Improvisationstechniken und von kommerziellen Formaten des Pop-Up-Shops verstärkt auch Kirche in der Pandemie hygienegerechte Pop-Up-Formate, wie das Projekt Unbox Berlin oder wandernde Pop-Up-Krippen. Weil noch weniger Leute reinkommen mögen, geht Kirche noch mehr auf die Plätze, Kreuzungen und Wege.

Diese Situationsbeschreibung erklärt, wieso die Aktion Viva la Vulva sich zu so einer „sehr Berlin"-Angelegenheit entwickeln konnte, nur dass hier Gemeinde kritisch angefragt wurde und reagiert. Ohne die Verschiebungen, Brüche und Risse in urbanen Räumen und im Kirchenalltag wäre das so nicht passiert.

Mixed Heterotopies

Dieser Beitrag beschreibt das Projekt und reflektiert es mit Hilfe von Michel Foucaults Konzept der Heterotopie.[9] Foucault definiert Heterotopien als veränderliche wirkliche Orte, „die in die Einrichtung der Gesellschaft hineingezeichnet sind […] Gegenplatzierungen oder Widerlager, tatsächlich realisierte Utopien, in denen die wirklichen Plätze innerhalb der Kultur gleichzeitig repräsentiert, bestritten und gewendet sind."[10] Sowohl Kirchen als auch Parks, Gasthäuser, Bordelle, Museen, Rathäuser u.v.a. zählen zu Foucaults Andersorten. Hier werden, Victor Witter und Edith Turners *communitas*-Gedanken nicht fern,[11] die Normen und Handlungsmöglichkeiten einer Gesellschaft repräsentiert,

---

9 Vgl. dazu Schäfer-Biermann, Birgit/et al. (Hg.) (2016), Foucaults Heterotopien als Forschungsinstrument, Wiesbaden.
10 Foucault, Michel, in: Schäfer-Biermann, Birgit/et al., 2016, 39.
11 Vgl. Turner, Edith (2012), Communitas, New York.

aus dem Kontext gehebelt, bearbeitet, ritualisiert und neu verortet.

Heterotopie bezeichnet weiter konkrete bewegliche Andersorte, die mit Nichtorten, also mit Utopien, den alltäglichen Lebensraum und seine Regeln außer Kraft setzen, die Gegenwart durchkreuzen und aufmischen, und so andere Orte kritisieren und ihnen widersprechen.[12]

Einmal scheint uns diese theoretische Optik eine produktive und auch subversive Entfremdung gegenüber traditionellem Kirchenraumdenken zu sein, wo Mauern nur Mauern sind und das eigene Potential jeden Ortes, auch außerhalb oder am Rande von ‚Kirche' bzw. seine sog. site specificity nicht zur Wirkung kommt.[13] Zweitens haben wir schnell gespürt, dass wir es hier mit mehreren, unterschiedlichen Andersräumen zu tun haben. Wir wählen dieses Konzept drittens, weil Foucault selber keine ausformulierte Theorie oder Wissenschaft, sondern ein make-it-up-as-you-go-Instrument im Sinn hatte; und viertens, weil unser Arbeiten und Leben als Kirchenmitarbeitende gerade in der Pandemie von der Frage nach physikalischen und temporalen Freiräumen, vom Wunsch nach Hoffnung, nach Alternative, von utopisch-christlichem Denken bestimmt war. Sicherlich kann man argumentieren, dass in diesem Beitrag die Grenzen einer Heterotopie nicht deutlich genug konturiert werden bzw. eine deutlichere Abgrenzung notwendig wäre. Allerdings geht es uns um einen Maximalbefund, der ungewohnte Räume an Schwellen, Draußen und im Umordnen gewohnter Räume erschließt. Mit einem Beitrag zur neuen theologischen und praktischen Schwellenkunde,[14] soll damit Kirchen- und Gemeindearbeit

---

12 Foucault, Michel (2005), Die Heterotopien/Der utopische Körper, Frankfurt; Foucault, Michel (2006), Andere Räume, in: Engelmann, Jan (Hg.), Foucault. Botschaften der Macht, Stuttgart.

13 Schafer, R. Murray (1977), The Tuning of the World, Toronto.

14 Vgl. Sommer, Regina/Koll, Julia (Hg.) (2012), Schwellenkunde, Stuttgart.

angeregt werden, Schwellen-, Wechsel- und Andersorte, vor den eigenen Toren, zwischen Tür und Angel, mit Müll und Provokation etc. zu erkunden und zur Kommunikation des Evangeliums zu nutzen. Im Theorieinstrumentarium zwischen und in Homi Bhabhas Hybridität und Third Spaces und Victor Witter Turners Liminalität erscheint uns ob seiner Unabgeschlossenheit, Einsichtigkeit, Voraussetzungslosigkeit und gerade auch Oberflächlichkeit der Heterotopie-Begriff ein sinnvoller Zugang, um einen solchen Diskurs zu stärken und solche neuen Raum-Praktiken anzuregen.

Kein Anders-Ort ohne Noch-Nicht-Ort, bzw. ohne Utopie. Der Queertheoretiker José Esteban Muñoz geht auf Ernst Bloch zurück, wenn er konkrete Utopien beschreibt, mit historisch situierten Befreiungsbemühungen. Sie können Wirklichkeit werden und sie sind im Bereich von „educated hope".[15] Im Nachhinein wird sich herausstellen, dass das eine Motivation für das Projekt war, geschulte Hoffnung, Hoffnung auf Lernen. Die dargestellten Schritte folgen der von Muñoz als utopisch beschriebenen Offenheit und Unbestimmtheit; niemand hat damit gerechnet, dass das Projekt durchgehen würde. Alle Handgriffe und Gedanken erträumen Räume vor, in und um Kirchengebäude herum, in denen Inklusion und Gleichberechtigung selbsttätig, selbstredend und materiell repräsentiert werden, sodass ihrer befreienden performativen Bildmacht, ihren Bildakten,[16] niemand entkommen kann.

Layered Heterotopies – Graffiti durch die Zeitschichten

In diesem Klima begann die Aktionsreihe „Viva la Vulva", mit einer provozierenden Durchkreuzung des kirchlichen Symbol-

---

15 Esteban Muñoz, José (1999), Cruising Utopias, New York.
16 Vgl. Bredekamp, Horst (2015), Theorie des Bildakts, Berlin.

und Zeichensystems. Auslöser war ein Graffiti *VIVA LA VULVA* auf der Westmauer der Dorfkirche, die erhöht und wie eine grüne Insel in der urbanen Landschaft im Berliner Stadtteil Tempelhof schon in sich ein Gegenort ist und ursprünglich wohl über weite Felder blicken ließ. Dass dafür eine Fläche entstehen konnte, liegt an der Rodung von Bäumen und Büschen als Maßnahme im Zusammenhang mit der „Ertüchtigung" des Parks mit neuen Sichtachsen.[17] Vorher war die Mauer zugewachsen, kein Platz für irgendein Politikum. Hier, in einem alten, historisch ländlichen Zusammenhang im Lehnepark, mit der Dorfkirche als einem Relikt erbaut von Tempelrittern, mit ersten Nachweisen einer Struktur aus dem 12. Jahrhundert, eine Minute entfernt vom nächsten U-Bahnhof am pulsierenden Tempelhofer Damm, überlagern sich gegenwärtige Urbanität, Stadt- und Kirchengeschichte – und werden grafisch durchkreuzt. Für die Christentumsgeschichte ist es vielleicht ironisch, bestimmt machtkritisch, dass Graffiti z.B. von Kreuzen wie zum Beispiel am Artemis-Tempel in Sardes (Vgl. Offb 3), von *IXTHYS* oder vom *Chiro*, schon die bestehenden öffentlichen Denkmale und Institutionen kritisierten und umwerteten.[18] Eine Parallele bietet vielleicht das *Mene mene tekel upharsin* aus Dan 5, nur dass es die Tage patriarchaler Kirche sind, die angezählt werden.

Zur gleichen Zeit wie auf der Westmauer das „Viva la Vulva" erschien, tauchten in ganz Berlin und gehäuft in Tempelhof Vulvendarstellungen auf, mit der französischen Betitelung *ce n'est pas une vulve*, das ist keine Vulva, eine Magritte-Anspielung, die das Fehlen von Vulvenbildern in der Öffentlichkeit moniert. Ist das dasselbe wie Penisse an die Wand schmieren? – klingt Einwand Nr. 1 immer noch in unseren Ohren. Nein, es weist auf

---

17 www.berlin.de/ba-tempelhof-schoeneberg/politik-und-verwaltung/aemter/strassen-und-gruenflaechenamt/aktuelles, Zugriff: 4.8.2021.

18 Berger, David (2012), New Perspectives on Jewish-Christian Relations, Leuven, 35.

das Problem hin, das darunter liegt: Wissen über die Vulva ist unterrepräsentiert. Überall Penisse. Wenn man fragt: Zeichne eine Vulva, entsteht nur ein Loch, eine Absenz. Künstler:innen, die mit Vulven in die Öffentlichkeit gehen, werden strafrechtlich verfolgt. Es gibt keine allgemein anerkannte Sprache und Bildwelt für alle weiblichen Körperteile, 40% der Befragten können nach britischen Studien[19] die Teile des weiblichen Unterkörpers nicht benennen und die dritthäufigste Schönheits-OP ist die Anpassung der Vulvalippen an ein absurdes Schönheitsideal. Mithu M. Sanyal erklärt, wie sich mit dem Übergang zum Patriarchat und monotheistischen Gott der Umgang mit weiblichem Geschlecht tabuisierte.[20]

Kritisiert werden durch das Graffiti an der Dorfkirchenmauer also u.a. die Amtskirche, ihre Körperfeindlichkeit, Sexismus und patriarchaler Konservatismus. Eine urbane Bewegung war damit in der Kirche angekommen. So schreibt Katja Lewina: „Plötzlich waren sie überall. Unter der Futterluke des Pizzaladens, neben dem Eingang zum Getränkemarkt, auf Mauern, Litfaßsäulen, Stromkästen – jede Ecke in meiner Straße hatte ihre eigene, lebensgroße Vulva bekommen. Irgendwer hatte sie über Nacht mit Hilfe einer Schablone aufgesprüht. Klar, die wütenden Hausbesitzer machten sich sofort daran, ihre Fassaden mit grimmigem Blick zu übermalen. Doch die kleinen, bunten Graffiti hatten es da bereits bis ins Internet und damit in die Ewigkeit geschafft."[21] Was uns hier semiotisch-unbedingt angeht, hat es also in der Gegenwart schon zu einer eigenen Ewigkeit gebracht.

19 www.theguardian.com/lifeandstyle/2021/may/30/most-britons-cannot-name-parts-vulva-survey, Zugriff 5.8.2021.
20 Sanyal, Mithu M. (2009), Vulva. Die Enthüllung des unsichtbaren Geschlechts, Berlin.
21 Lewina, Katja (2018), Die Vulva ist in unserem Alltag angekommen, Jetzt. de, verfügbar unter: www.jetzt.de/sex/die-vulva-bahnt-sich-ihren-weg-in-die-gesellschaft, Zugriff: 3.5.2021.

Ein Text- und Bildprogramm hat sich selbsttätig auf die Agenda einer innerstädtischen Gemeinde gebracht. „Typisch Berlin, typisch urban" ist der Kontext der Aktion, weil hier, mit Foucault gesprochen, mehrere Heterotope/Sinnsysteme übereinander liegen: Dorf/Kirche, Park, Stadt – Romantik, Mehrheitsreligiosität, Erholung, Urbaner Multikulturalismus.

Urban Reappropriation mal anders – Body Positivity, Gender und Kirche in der Öffentlichkeit

Gemeinde und Kirchenkreis erfahren vom „Viva la Vulva" durch entrüstete Anrufe von Anwohner:innen. Auf die Idee der Autorin hin, entschieden sich Autorin und Autor (Mitarbeitende und Pfarrer der Gemeinde Alt-Tempelhof und Michael) dem Graffiti ein mehrfaches Reframing angedeihen zu lassen: „Viva la Vulva" sollte mit einem pinken Glitzerrahmen versehen und hervorgehoben werden und die Dorfkirchenaußenmauer zu einer Pop-Up-Draußengalerie werden. Das Setting, im Park und draußen zu agieren, machte es möglich, zu planen und Interaktionen zu erwarten bei einem hohen Grad von Hygienesicherheit. Ein Idealszenario für Gemeindearbeit in der Pandemie.

Wir wollten also buchstäblich noch eine:n draufsetzen. Abstrakte(re) Vulvendarstellungen (u.a. die großartige *Glittoris* von Jane Reynolds aus glänzenden Glasscherben, an denen Alexander Höner und der Autor sich beide bei der Montage die Hand blutig schnitten – wie im Mythos *Vagina Dentata*), Bibelzitate (1 Kor 6,19, Ps 139, 14; Gen 1,26a; Hoh 4,11) und Porträts von Anführer:innen und Entscheider:innen, die in der Bibel wirkmächtig, aber verdrängt-kurz zur Sprache kommen, sollten daneben gehangen werden: Mirjam, Judith, Maria und Lydia mit Namen und Funktion in der Christentumsgeschichte in Superheldinnenoptik. Die Panele auf Sperrholz hingen so an der

Dorfmauer angebracht, dass sie zwar in den öffentlichen Raum hineinragten, aber auf Kirchengrund verankert waren.

Das Ganze sollte für zwei Wochen hängen bleiben.

Widerstände aus der Gemeinde und Neukonzeption

Schnell und nicht unerwartet, außer vielleicht in der Heftigkeit, kam es zu Widerständen aus der Gemeinde. Besonderen Anstoß nahm die Kritik an der expliziten Darstellung von Vulven. Dadurch würde das Schamgefühl[22] verletzt und Frauen würden auf ihre Geschlechtsteile reduziert, hieß es, genauso würde man dadurch Menschen anderer Religion vor den Kopf stoßen. Deswegen stand es immer wieder zur Diskussion, ob Vulvendarstellungen Bestandteil des Projekts sein sollten. Schließlich befanden die Autorin und der Autor, dass Vulvenabbildungen eine notwendige Bezugnahme auf das Graffiti und dazu einen Magneten der Aufmerksamkeit darstellten. Allerdings war durch die Kritik klar geworden, sie in der Gestaltung dezent und abstrakt zu halten und die Anzahl der Vulvendarstellungen zu reduzieren.

Umso wichtiger erschien es, mit den verbleibenden vier Vulven eine möglichst große Vielfalt abzubilden. Ein erklärtes Anliegen war es, den einschränkenden, normierten und normierenden Bildern von Vulven, wie sie besonders durch die Pornoindustrie verbreitet werden, andere Bilder von Körpern in ihrer Vielgestaltigkeit entgegen zu setzen. Außerdem sollten anhand der Bilder verschiedene Themen illustriert werden können.

So war eine Vulva als Collage gestaltet, in der sich die äußeren und die inneren Vulvalippen öffneten und den Blick freigaben auf ein weites Meer (quasi eine Bild-im-Bild-Heterotopie) –

---

22 Vgl. als für eine weitere Entwicklung dieses Schwerpunkts hervorragend geeignet: Fechtner, Kristian (2015), Diskretes Christentum. Religion und Scham, Gütersloh.

ein Anlass über weibliche Ejakulation ins Gespräch zu kommen. Eine andere zeigte deutlich, wie die inneren Vulvalippen nicht von den äußeren umschlossen wurden, sondern größer waren als diese – angesichts der rasant ansteigenden Zahl an plastisch-chirurgischen Eingriffen, die innere Vulvalippen verkleinern, damit die Vulva einer Norm entspricht, ein wichtiges Bild. Eine Darstellung zeigte die Klitoris in ihrer ganzen Größe, mit der Klitorisperle und den davon ausgehenden Flügeln, die bis in die Oberschenkelinnenseiten reichen können – anatomisches Wissen, das lange bekannt ist und immer wieder in Vergessenheit gerät.

Die ausgewählten Bibelstellen bekamen durch ihren neuen Kontext von Vulven eine neue Bedeutungsperspektive. Liest oder hört man sonst im kirchlichen Kontext, „Ich danke dir und staune, dass ich so wunderbar geschaffen bin. Ich weiß, wie wundervoll deine Werke sind." (Ps 139,14), denkt mancher wahrscheinlich zunächst an Geist, Seele, eventuell auch Körper – aber dieses Lob Gottes nun neben Vulvendarstellungen zu sehen, hatte eine Empowerment-Dimension.

Neben diesen Gestaltungsänderungen lernten wir auch:

1. Wir können nicht einfach eine Galerie aufhängen und sind dann fertig. Wir müssen vor Ort sein und einen Zugang zur Galerie ermöglichen, der einladend ist und nicht den Charakter einer einmaligen Durchsage hat. Glücklicherweise ermöglichten Alexander Höner von der Arbeits- und Forschungsstelle Theologie der Stadt und Michaela Fröhling vom Berliner Missionswerk, dass wir für zwei Tage die Café-Ape des Projekts „Kirche Piazza"[23] vor Ort haben können. Auch, weil wir auf interreligiöse Sensibilität achten wollten, entschieden wir uns, die Draußengalerie nach die-

---

23 www.berliner-missionswerk.de/aktuelles/?no_cache=1&tx_ttnews%5Btt_news%5D=1226, Zugriff: 6.8.2021.

sem Zeitraum erst einmal abzunehmen und in die Dorfkirche zu bringen.

2. Wir können nicht voraussetzen, dass alle verstehen, was die Viva-la-Vulva-Bewegung ist und was sie will. Hier waren wir, durch unsere Bubbles geprägt, zu schnell davon ausgegangen, dass allen klar sein müsste, dass ‚das' gerade gesellschaftlich dran ist. Wir fügten einen Erklärtext für die Motive und Intentionen der Bewegung hinzu: „Die Viva-la-Vulva-Bewegung sagt, wer Worte ohne Scham verwenden kann, wird sprachfähiger und freier und ‚Vulva' könnte so ein Wort sein. Auch biblisch gilt: ‚Ich danke Dir Gott, dass ich wunderbar gemacht bin' - Seele und Geist, Nasen, Falten und Genitalien, Körper in ihrer ganzen Vielfalt sind wunderbar."[24] Auch ein Kommentarpanel wurde eingefügt – und dann auch gut gefüllt – um die Meinungen der Wahrnehmenden einzufangen. Außerdem ergänzten wir einen QR-Code für eine 3Sat-Dokumentation zum Thema. Wir planten ein Nachgespräch/Workshop, bei dem die Galerie nochmal zu sehen war. Wir bereiteten uns auch darauf vor, dass es zu Vandalismus kommen würde.

3. Wir befinden uns in einer gesamtgesellschaftlichen Backlash-Bewegung gegen emanzipatorische und sexualaufklärerische Erfolge: Die Widerstände und Kritik aus der eigenen Gemeinde kamen nicht alleinig aus einer biblizistisch-konservativen Weltsicht. Einige der Kritiker:innen hatten selbst mehrere Feminismus-Wellen unterstützt und hielten die Aktion schlicht für obsolet und veraltet. Aber sehr viel von den alten Errungenschaften anatomischer und sexueller Aufklärungen waren wieder verloren gegangen. Aufklärung fällt in dieser Situation verstärkt unter den Bildungsauftrag der

---

24 Vgl. Kleen, Heike (2018), Viva La Vulva, Spiegel, verfügbar unter: https://www.spiegel.de/gesundheit/sex/weibliche-geschlechtsteile-viva-la-vulva-a-1239242.html, Zugriff: 6.8.2021.

Kirche. Im Anschluss an die Draußengalerie-Aktion planten wir ein Nachgespräch, bei dem Bilder und Texte noch einmal beschaut und besprochen werden könnten. Wir erwarteten heftige Auseinandersetzungen.

4. Wir bereiteten uns vor, präzise Auskunft zu geben: Wir hatten ein Graffiti an der Dorfmauer *Viva la Vulva*. Das sollte kirchenkritisch sein. Kirche unterstützt aber Body Positivity, Sexualität und Aufklärung, und das ist auch biblisch. Durch den Umgang und das Eingehen auf die kritischen Stimmen wurde das eigentliche Angebot vielgestaltiger, in der Argumentation geschärft und dadurch besser.

Am temporären Andersort

Tatsächlich verlief die Aktion „Viva la Vulva – Eine Pop-Up-Draußen-Galerie zu Body Positivity an der Dorfkirchenmauer im Tempelhofer Lehnepark" erfolgreich und wie geplant. Unterschiedliche Gruppen unterschiedlicher Generationen der Gemeinde mischten sich mit Passant:innen. Wir eröffneten durch die Präsenz der Café-Ape und die freundliche Toleranz von Polizei und Ordnungsamt einen Gegen-Begegnungsort vor der Dorfmauer, mit Eltern vom gegenüberliegenden Spielplatz, begeisterten Passant:innen von Bahai bis zum syrisch-orthodoxen Vater. ‚So kann Kirche auch sein' hörten wir am meisten, von Agnostiker:innen, Atheist:innen und Anwohnenden.

Eine besondere Rolle hatte das Heterotop, das durch den Einsatz und die Präsenz der Café-Ape bzw. des Kaffeemobils als Teil des Straßenraums entstand – mit einer glänzenden Espressomaschine, Kaffee-Geruch und -Geschmack, Freizeit, neutraler Boden. Der Kontakt begann durch diesen Zwischenraum. Erst gibt es eine Einladung, dann einen Kaffee „zum Festhalten" und dann erst Inhalte – und die Kommenden konnten jederzeit aussteigen. Nach einer kurzen Auseinandersetzung mit Parkmitarbeitenden platzierten wir den mobilen Kaffeestand so, dass wir uns Leuten in den Weg stellten. Dazu holten wir nur ein paar Hocker aus der Kirche, stellten ein Schild auf, ganz nach einem Impro/DIY-Ansatz: Nimm, was gerade zur Hand ist und es wird gut. Alle Planenden wechselten mit dem Open-Space-Café-Raum auch die Rollen: Alexander Höner wurde zum Barista, die Autorin und der Autor zu Gastgeber:innen und Ausstellungsführenden. Wir waren durch die Kritik aus einer Komm- in eine Gehsituation gelangt, mussten Menschen ansprechen und einladen, kurze Führungen improvisieren und ganz viele Fragen zu Kirche und zu für-Kirche-Arbeiten beantworten. In Ihrem Artikel zur Aktion identifiziert Juliane Link noch eine weitere heterotope Wende: „Die Mauer – das Sinnbild für Wehrhaftigkeit und Abgrenzung schlechthin – ist zur Galeriewand geworden […] Die Mauer, die sonst vor allem etwas einschließt, stellt jetzt etwas aus. Das altehrwürdige Gemäuer, erbaut im 13 Jahrhundert, wird zur Fläche, auf der sich die Gegenwart einschreibt und Neues sich abspielt."[25]

Für zwei Tage haben wir ein Stückchen Öffentlichkeit gewandelt und nach außen gewirkt, als Kirche - Transformation. Zu den Gesprächen vor Ort kamen Pfarrer:innen der Nachbargemeinden dazu, die Frauenbeauftragte der EKBO Magdalena Möbius sowie die im „feministischen Andachtskollektiv" und „feministisch, fromm Freischnauze" aktive und auf Instagram unter @metablabla bekannte Vikarin Lena Müller.

---

25 Link, Juliane (2021), Viva la Vulva. Eine kurze Reportage über ein Graffiti auf einer Kirchenmauer, glitzernde Vulven und die Überwindung der Scham, verfügbar unter https://www.feinschwarz.net/viva-la-vulva/, Zugriff: 31.6.2022.

Draußengalerie im Kirchenraum und Pädagogische Heterotopie

Sowohl mit der Draußengalerie als auch in der Kirche, gelang im Entwickeln des urbanen Graffitis, was andere Kollektive wie z.B. die CHICKS: mit Performances auf Bühnen erreichen: „Sobald man diese ausgestreckte Hand ergreift, befindet man sich in einer Heterotopie, an einem anderen Ort, in dem die repressiven Regeln der Gesellschaft teilweise außer Kraft gesetzt sind."[26] Für das Nachgespräch gut eine Woche nach der „Neubespielung der Dorfmauer" konnten wir die Kulturwissenschaftlerin, Vulven-Künstlerin und Aktivistin Franziska Dickmann, bekannt auf Instagram als @happyulva gewinnen. Lena Müller berichtete über Feminismus, Online-Aktivismus und Widerstände in der Kirche. Hier lohnte sich die Bewerbung über Instagram, Sinnfluencerinnen und die Social-Media-Kanäle des Kirchenkreises. Nach einer Anfrage der Katholischen Studierendengemeinde wiederholten wir das Format noch einmal.

Die Draußengalerie hängten wir dafür an die altehrwürdigen Kerzenleuchter der Dorfkirche, sodass die Kunstschätze und Bilder des Kirchraums wie die Cranach-Kopie des Katharinenaltars um die von weitem auf den ersten Blick kaum zu unterscheidende Komposition aus Frauenporträts, Bibelzitaten – und eben Vulven erweitert wurde.

An dem Ort, wo Gottesdienste gefeiert werden und von der offenen Kirche noch die Altarkerzen und die Osterkerze brennen, werden die einzelnen Bereiche einer Vulva benannt und erklärt. So bekommen in diesem Kirchenraum Themen einen Ort, die lange nur im Kontrast mit diesem gedacht werden konnten: weibliche Selbstermächtigung durch Wissen und Sprachfähigkeit, Sexualität ohne Scham, dafür mit Annahme und Freiheit.

---

26 https://blog.bundeswettbewerbe.berlin/die-vulva-heterotopie/, Zugriff: 6.8.2021.

Vor dem Hintergrund des Leids, das Kirche durch die Abwertung von Körpern und Verurteilung von Sexualität in ihrer Geschichte verursacht hat, kann dieser neue Raum, der sich eröffnet, durchaus als heilsam und als Teil einer Wiedergutmachungsgeschichte erlebt werden. So schwang in manchem ‚Das hätte ich von Kirche nicht erwartet!' auch ein erleichtertes Aufatmen mit.

Gerade aus dieser Spannung heraus wuchs kreatives Potential, das Räume eröffnete, in denen Neues entstehen konnte – neue Erfahrungen mit Kirche, neu denken eigener Spiritualität, sich öffnen für neue Ideen. Kirche zeigte sich im Nachhinein also auch als ein erstaunlich geeigneter Raum für gender- und sexualhistorische Aufarbeitung und Versöhnung.

Durch die Kontraste und Reibungen produzierte die Aktion erst neues Wissen und neue Allianzen. Das gleiche Graffiti und der gleiche Workshop an anderer Stelle, z.B. an einer modernen Kirche oder einem Frauenzentrum, hätte weniger Aufmerksamkeit erregt, nur eine ohnehin schon interessierte Gruppe angesprochen. Im Raum Kirche provoziert man nicht nur damit, sondern dort sind die Grenzen so eng, dass wenig nötig ist, um sie zu weiten. Die Verschachtelung der Themenkomplexe Körper/Sexualität und Kirche/Glaube und die Kreativität, die daraus entsteht, fruchtbar zu nutzen, könnte auch liturgisch, bspw. mit Gordon Lathrops Konzept der *juxtaposition*, bzw. der Verzahnung von Gottesraum und Weltobjekten vertieft werden.[27]

Durch die zugleich symbolisch-künstlerische und pädagogische Raumveränderung war es möglich, im Gespräch auf die Wandgemälde zu verweisen und sie zum Teil des Gesprächs werden zu lassen: Pop-Up-Aufklärungs-Kirchenraumpädagogik. Die Galerie ließ sich immer wieder abnehmen und aufhängen, wenn ein Workshop anstand. Der Kirchdienstbereich wurde zum

---

27 Lathrop, Gordon (1993), Holy Things, Minneapolis.

aufklärerischen Büchertisch umfunktioniert. Im Altarbereich saßen im Podium Franziska Dickmann, Lena Müller, Autorin und Autor.

Auf eine Einführung hin lieferte Franziska Dickmann eine anatomische, historische kulturhermeneutische Geschichte der Vulva und eine Einordnung in Gegenwartsdiskurse.

Juliane Link schreibt über ihre Teilnahmeerfahrung auf feinschwarz.net:

> „Es waren ältere Damen mit gestreiften Blusen und Perlenohrringen da, die ihre Männer mitgebracht hatten, queere Theolog*innen, Mütter und katholische Student*innen aus meiner Frauenempowermentgruppe. Die Kulturwissenschaftlerin Franziska Dickmann erklärte uns anhand eines selbstgenähten Modells aus glitzerndem Stoff die Strukturen der Vulva und ihre Funktionen. Wir saßen in den Kirchenbänken und redeten mit unseren Sitznachbar*innen darüber, was das Wort ‚Vulva‘ bei uns auslöst und wie es ist, in einem Kirchenraum einen Workshop zu diesem Thema zu erleben. Es ging um Scham und um die Macht von Sprache, um die Schwierigkeiten bei dem Versuch neben dem Wort ‚Schamlippen‘ auch den Begriff ‚Vulvalippen‘ in den Duden aufzunehmen und die empörende Kulturgeschichte der Vulva, denn der Blick auf das weibliche Genital wurde jahrhundertelang von der kirchlichen Sexualmoral geprägt, es wurde verstümmelt oder dämonisiert und wird bis heute in den meisten Schulbüchern falsch abgebildet.“[28]

Franziska Dickmann zeigte sich überrascht über die Offenheit und das Engagement der Kirche; bisher hatte sie kaum Berührungspunkte. Ihre Unbefangenheit gerade in diesem für kirchlich Sozialisierte fester geprägten Raum war ein großer Vorteil. Sie

---

28 Link, Juliane, 2021.

erstellte eine Grafik, in der sie und Lena Müller als Vulven (mit Beffchen!) stilisiert im wiedererkennbaren Kirchenraum mit einer kleinen Modell-Vulva zu sehen waren – mit großer positiver Rückmeldung beim Teilen über Instagram.

Materiell, biblisch, künstlerisch, pädagogisch und öffentlich entstand, was Zirfas und Burghardt „Pädagogische Heterotopie" nennen.[29] Eigentlich ging es um das Wissen um den menschlichen Körper in der Öffentlichkeit. Denn bei Foucault ist der Körper das erste Heterotop, als Ort für mein Ich, der immer wieder neu entsteht. Und in der Geschichte der Tabuisierung des Unterleibs entsteht dort ein verbotenes Heterotop, das pädagogisch neu definiert und besprochen werden muss.

Pädagogische Heterotopien, wie das Kirchenräume immer schon sind, Kirchenmauern vielleicht weniger, sind auch Widerstands-, Krisen- und Abweichungsräume,[30] am Rand der Gesellschaft angesiedelt, seltsam. Das wurde die Dorfkirche noch einmal anders und überlagert durch die von draußen nach drinnen ziehende Galerie. Im Öffnen des Kirchenraums für etwas, was an seine Außen- und Abwehrfläche angebracht wurde, ermöglichten wir auch das Positionieren und die Kritik an Kirche und Kirchen(raum)pädagogik – und ließen vor allem völlig offen, was sich entwickeln würde. Kirche muss ermöglichen, Frei- und Schutzräume für eine neue Aufgabe der Aufklärung zu bieten und das öffentlich und ganz physikalisch wie im Umrüsten und Umrepräsentieren von Öffentlichkeit und Kirchenraum.

---

29 Burghardt, Daniel/Zirfas, Jörg (2018), Pädagogische Heterotopien, Weinheim.
30 Vgl. Löw, Martina (2001), Raumsoziologie, Frankfurt, 244f.

Reflexion und Vorerst-Typologie erlebter Heterotopien

Deutlich geworden ist, dass der Kirchenraum geprägt ist von einem körpernegativen ausschließenden Diskurs. Gerade durch die Spannung und Überlagerung von traditionell-patriarchalem Kirchenraum, zumal einer Templerkirche, assoziiert mit Hexenverfolgung, kirchlicher Gewalt und Tabuisierung etc. und dem Thema Viva la Vulva kann Versöhnung wirken: Körperannahme und offenes Sprechen über Körper und Sexualität als raumversöhnend und heilend. Indem ein utopisches Bild von Kirche auf Realität trifft, Irritation und kreative Spannung erzeugt, ergibt sich ein Raum, in dem Heilung geschehen kann. ‚Kirche verurteilt mich hier nicht.' Das Herstellen von Gegenorten macht Menschen und Gruppen angreifbarer und sichtbarer, aber es tauchen dann auch neue Verbündete auf und es kommt zu kollektivem Aufatmen. Die Kirche als Ausschlussort wird noch einmal sichtbar.

Eine genauere Analyse von Veränderungen im Kirchenraum von Heterotopien scheint geboten, in Hinsicht auf Überlagerungen von Sinnsystemen, aber auch in Hinsicht auf Brüche, Auflösungen, Öffnungs- und Schließungsmechanismen.[31] Diese Typologie als Ergebnis erster Reflexion ist unabgeschlossen und lädt zum Hinzufügen und Ändern ein. Sie soll aber verdeutlichen, welche beweglichen und überlagerten (Anders-)Orte kirchliches Handeln in der Öffentlichkeit verwenden kann. Ein Dritter Ort der neutralen und erholungsbetonten Begegnung entstand durch die Präsenz der Café-Ape und die Rollenwechsel der Planenden. Er ermöglichte stufenweise in das Thema und den Galerie-Ort geholt zu werden.

---

31 Burghardt, Daniel/Zirfas, Jörg, 2018, 9.

1. Dort wartete die eigentliche erste Heterotopie, die Umwertung des Ausschlussobjekts Mauer zum Repräsentationsobjekt für Inklusion und schamfreie Sprache.

2. Bezeichnend kann die Glittoris, also eine Vulvendarstellung mit spiegelnden und scharfen Glaselementen der Künstlerin Jane Reynolds als Heterotopie in sich verstanden werden, weil gerade zerbrochene oder verzerrende Spiegel in Foucaults Theorie Andersorte und Anderswahrnehmung produzieren.[32] Der menschliche Körper als basale Heterotopie, wenn es um tabuisierte Bereiche geht, kam in den Fokus.

Dieses erste Set an Heterotopien ändert das Verhältnis von Mauer, Kirche, Park und Stadt – und Protestort. „Heterotopien besitzen die Fähigkeit, mehrere reale Räume, mehrere Orte, die eigentlich nicht miteinander verträglich sind, an einem einzigen Ort nebeneinander zu stellen."[33] Das Set kombiniert in Foucaults Typologie „Abweichungsheterotopie" und „Krisenheterotopie" in der Kombination von Protest-Galerie und Kirchensteinen mit „Heterotopien der Ewigkeit"[34]. Denn hier findet etwas statt an einem Ort, der in der mittelalterlichen und eben auch noch wirksamen Raumkonfiguration von der Trennung von Drinnen und Draußen, Zivilisation und Feld, heilig und profan geprägt ist: Eine Dorfkirchenmauer, noch dazu mit erhöhter Kirche zur Übersicht und Wehr mitten in der bis ins 19. Jahrhundert vorherrschenden Tempelhofer Felderlandschaft. Unsere Heterotopien entstanden mitten in eine hierarchisierte präurbane Landschaft hinein, Raum der Ruhe und Aufsicht, getrennt vom Raum der Arbeit. Dieser mittelalterliche Heterotopie pulsierte unterschwellig mit, abgelöst vom Raum der Ruhe „Stadtpark". Verbunden damit sind also „vorgefundene" urbane „Heterotopien der Zeit bzw. Ewigkeit",

---

32 Foucault, Michel, 2006, 321.
33 Ebd., 2006, 324.
34 Burghardt, Daniel/Zirfas, Jörg, 2018, 8.

Kirche, Kirchenmauer und Stadtpark, also Orte, die „einen absoluten Bruch mit der traditionellen Zeit" vollziehen und neu einschließen.[35] Ohne sie hätte die Protest- und Aufklärungsfunktion nicht auf die Kategorie des Unveränderlich-Institutionalisierten treffen können. Darüber legten wir eine Heterotopie der Zeit, mit einer zeitlichen Begrenzung, die nur mentale, aber keine materiellen Spuren hinterließ.

3. In diesem Zusammenhang ist dann die digitale Heterotopie zu nennen, die vornehmlich über Instagram virtuelle Räume eröffnete, um Kirchenort, Galerie und Thema bildlich und textlich zu repräsentieren, zu kommentieren und zu teilen.

4. Schließlich ergab sich mit dem Umzug der Galerie von der Außenmauer zurück in den Kirchenraum eine letzte, doppelte Heterotopie: Eine wie oben beschrieben (kirchenraum-)pädagogische und dazu eine Schutzraumheterotopie, die in interessanter Durchkreuzung die Funktion einer Templer-Festungs-und-Trutz-Kirche (Vgl. EG 362) zu einem Sicherheitsraum für schamfreies und offenes Reden über alle Menschen-Körper-Teile zurückverkehrt.

Die Vorbereitung, Einladung, Verwendung von Mauern und Toren verweisen auf die Funktion von Heterotopien, Öffnung und Ausschluss zu regulieren. Wirksam war die Aktion nicht, weil sie geplant war, sondern weil sie in Aufnahme der Stichworte und Anreize der Räume ablaufen konnte, weil es sich so fügte, die Menschen kamen und neue Themen entstanden. Der Kirchenraum kann pädagogische Heterotopie werden, der zur Selbstbildung einlädt – was entspräche mehr dem Evangelischen Bildungsauftrag.[36] Das kann passieren, wenn Kirche aus ihren geprägten Räumen hinaus geht oder sie in Heterotope verwandelt.

---

35 Foucault, Michel, Räume, 324.
36 Vgl. Preul, Reiner (2013), Evangelische Bildungstheorie, Leipzig, 258.

Andachten Berlin
2021

Morgenandacht Citykirchenkonferenz, 27.10.2021, Berliner Dom

Michael Kösling

Orgelvorspiel

Die Gnade unseres Herrn Jesus Christus, die Liebe Gottes und die Gemeinschaft des Heiligen Geistes sei mit euch allen.

Seid herzlich Willkommen am Morgen. Den Tag einlassen in Herz und Verstand. Langsam und behutsam. Diesen Tag mit seinen Sachen. Den Sieben und mehr. Aufpolieren mit Hoffnung und Zuversicht. Diesen Tag mit seinen Menschen. Den Lieben und denen, die uns das Leben schwermachen. Heranlassen diesen Tag mit seinen Überraschungen, den guten und den schlechten. Diesen Tag wieder einmal Gott erwarten, wenn nichts mehr zu erwarten ist und wenn sich alles erfüllt hat. Seid herzlich Willkommen an einem neuen Tag.

Orgelmusik

Eigentlich war es schon lange klar. Seit 500 Jahren wusste man's. Die Erde ist keine Scheibe und nicht der Mittelpunkt des Universums. Eher randständig rast sie durch die kühle, lautlose Schwärze des Alls. Runde um Runde. Jahr um Jahrmillion schon. Was das für dich selbst, deine Kinder und überhaupt bedeutet, diese existenzielle Dimension kapiert man erst, wenn man's mit eigenen Augen sieht. Was die drei bisher sahen, die ersten drei Menschen überhaupt, nahm das Band auf: „Okay, Houston. Der Mond ist im Wesentlichen grau, keine Farben. Sieht wie Gips aus oder wie gräulicher Strandsand. Wir können sehr viele Einzelheiten sehen. […] Die Krater sind alle abgerundet. Es gibt davon eine ganze Menge, manche sind neueren Datums. Viele von ihnen, besonders die runden, sehen aus, als ob sie von Meteoriten oder sonstigen Projektilen getroffen worden seien." Die Rückseite des Mondes, ungesehen, unbekannt und öde. Bei seiner vierten Umrundung des Mondes ließ der Kommandant von Apollo 8 das Raumschiff um seine Längsachse rotieren. Plötzlich erscheint die Erde im Seitenfenster. Auf dem Mitschnitt hört man William „Bill" Anders ausruft: „Seht euch das an! Hier geht die Erde auf. Mann, ist das schön!" Man kann gut hören, wie Anders, der zu diesem Zeitpunkt noch einen Schwarz-Weiß-Film in seiner Kamera hat, seine Kameraden hektisch um einen Farbfilm bittet und diese ihn immer wieder fragen, ob er das Foto wirklich im Kasten hat: „Bist du sicher, dass wir es jetzt haben? Mach einfach noch eins, Bill"! Dieses Foto wird später von der NASA unter dem Namen Earthrise veröffentlicht. 70 mm Kodak Ektachrome. Eine der bedeutendsten Aufnahmen der Menschheit. Erdaufgang. Man kann die auch kaufen: 60x60 Alu Dibond für 209 Euro. Wisst Ihr was: ich kauf mir das Ding. Ich hänge es ins Esszimmer. Ich will die Erde aufgehen sehen. Jeden Morgen will ich sie aufgehen sehen. Wenn vor der Schule die Kinder nölen und Kommandos durchs Haus schallen: wo ist denn schon wieder die Brotdose und dein Tee wird kalt, geh doch mal vom Handy weg, will ich im Augenwinkel die Erde aufgehen sehen. Sozusagen im Vorbeigehen. Wenn wir am Abend dasitzen, meine Frau und ich und wir kaum noch Kraft für Worte haben, will ich die Erde aufgehen sehen. Und wenn ich früh aufstehe, weil ich sehr früh ins Bett gehe und die Tagesthemen des letzten Abends mir die Krisen der Zeit in die Stille des Hauses tragen – idiotisch eigentlich – will ich die Erde aufgehen sehen. Es ist ja Krisenzeit. Vor dem bodenlosen Schwarz des Alls, auf dieser leuchtend blauen Kugel, marmoriert von weißen Wolkenwirbeln, unter denen sich ab und an das Beige und Grün der Kontinente abzeichnet, ist Krisenzeit. An jedes große Wort hängt sich der

Untergang, krallt sich daran fest: Demokratie- … Migrations- … Wirtschafts- … Klimakrise. Hoffnungs…krise? Eine neue Erde? Ein neuer Himmel? Erst mal nicht, will ich ehrlich sein. Ist auch weit und breit nichts zu sehen auf dem Foto von Bill. Also: erst mal auf der schönen alten Erde den Fluss der Tränen trockenlegen. Und den zu frühen Tod vertreiben und den zu späten auch. Ich will die Erde aufgehen sehen. Unsere. Diese. Das Evangelium, jedenfalls die gute Nachricht, wie Danger Dan sie singt.[1]

Am Anfang schuf Gott Himmel und Erde. Und die Erde war wüst und leer, und Finsternis lag auf der Tiefe; und der Geist Gottes schwebte über dem Wasser. Und dann, nach sieben Tagen, sah Gott alles an, was er gemacht hatte, und siehe, es war sehr gut. Oder mit den Worten von William „Bill" Anders: „Mann, ist das schön!" Amen.

Lied: Die Erde ist des Herrn, EG.E 32

Vaterunser

Segen

Orgelmusik

---

1 https://www.songtexte.com/songtext/danger-dan/eine-gute-nachricht-g63a1fe6f.html.

Morgenandacht Citykirchenkonferenz, 26.10.2021, Kaiser-Wilhelm-Gedächtnis-Kirche

Martin Germer

Liebe Kolleg:innen!

> „Auf, lasst uns eine Stadt und einen Turm bauen, dessen Spitze bis in den Himmel reiche, damit wir uns einen Namen machen und nicht zerstreut werden." (1. Mose 11)

Wenn wir hier heute Vormittag zwischen den Hochhaustürmen von Zoofenster und Upper West und dem vor 78 Jahren kriegsbeschädigten Turm der alten Gedächtniskirche in einem zweiten Durchgang über Transformation der Stadt nachdenken wollen, dann passt die Erinnerung an die Ur-Menschheitsgeschichte vom Turmbau zu Babel dazu gut als Auftakt.

Wobei die Chicago-Reisenden von vor drei Jahren ein bisschen schmunzeln mögen, und unsere Frankfurter Kollegin ebenfalls. Denn wirkliche Skyscraper sind das ja nicht, diese beiden Hochhaustürme hier nebenan mit ihren knapp 119 Metern, sondern im internationalen Vergleich bestenfalls hohe Häuser.

Und der Turm der alten Kirche, 113 Meter mitsamt Kreuz und Stern, der war zwar vor 125 Jahren das höchste Bauwerk im Großraum Berlin. Er übertrumpfte die neugotische Petrikirche um zwei Meter und behielt diese Spitzenposition zehn Jahre, bis die Laterne auf der Kuppel des Berliner Domes dann wiederum um drei Meter in Führung ging. „Damit wir uns einen Namen machen und nicht zerstreut werden", heißt es in der Bibel. Kaiser Wilhelm II. ging es bei unserem Turm sogar um den Namen Gottes. „Dass meinem Volk die Religion erhalten werde", hatte er der zu Ehren seines Großvaters erbauten Kirche und zugleich dieser evangelischen Landmarke in der neu entstehenden Mitte westlich von Berlin als Widmung mitgegeben.

Aber das war nur der Berliner Horizont. St. Marien in Lübeck und St. Martin in Landshut waren schon seit Jahrhunderten deutlich höher, und einige Jahrzehnte zuvor war erst St. Nikolai in Hamburg an die Spitze gegangen, dann der Kölner Dom und schließlich zum Ärger der Kölner das Münster von Ulm.

Immerhin aber: Für Berliner Verhältnisse sind das schon ernsthafte Hochhäuser, diese beiden Gebäude, die da seit der vorigen Berliner Citykirchenkonferenz westlich von unserer Kirche in die Höhe gewachsen sind. Und auch die 113 oder 116 Meter der beiden kaiserlichen Repräsentationskirchen machten im märkischen Sand bzw. im Morast an der Spree was her. Erst der stählerne Funkturm von 1926 reckte sich dreißig Meter höher. Und der 1969 eingeweihte Fernsehturm beim Alexanderplatz, dem die Sonne ironischerweise seit jeher ein leuchtendes Kreuz auf die Kugel zaubert, ist mit seinen schon von außerhalb der heutigen Stadtgrenze sichtbaren 368 Metern ohnehin weit jenseits von allem, was sonst in der Berliner Luft nach oben strebt.

Wenn es nach der scheidenden Senatsbaudirektorin geht, dann soll sich daran auch nichts ändern. Da sind zwar am Alexanderplatz einige weitere hohe Häuser von über 100 Metern in Planung, einzelne gibt es auch an anderen Punkten der Stadt. Diskutiert wird die Idee, an den Ausfallstraßen und Bahnstrecken ins Umland mit hohen Häusern symbolische Torsituationen zu schaffen.

So etwas wie eine Skyline aber oder auch nur eine klassische Stadtkrone sucht man im polyzentrischen Berlin vergeblich. Wenn diese Stadt sich heute einen Namen machen will, dann eher unfreiwillig mit dem BER oder auch, dies wohl mit deutlich mehr Erfolg, als Wissenschafts- und Innovationsstandort. Nicht jedoch durch spektakuläre Hochhäuser.

Höhere Kirchtürme wurden hier erst recht nicht mehr gebaut. Ja, wenn ich nichts überhört habe, ist für die jetzt in Planung befindlichen Neubaugebiete noch nicht einmal an eigenständige Kirchengebäude gedacht. Wenn man sich dort einladend bekannt machen und Menschen sammeln möchte, dann nicht mit architektonischen Mitteln.

Hier aber sind wir in der City West, zwischen den einstigen Großstädten Charlottenburg, Wilmersdorf, Schöneberg und dem Bezirk Berlin Mitte, der eine Straße weiter beginnt. Und die Berliner City West steht, wie wohl alle nicht überwiegend von kulturellen und touristischen Attraktionen geprägten Innenstädte Europas, vor der Frage, wie sie attraktiv bleiben oder beizeiten neu attraktiv werden kann. Sie muss sich in diesem Sinne „einen Namen machen". Sie steht außerdem in ständiger Konkurrenz zur alten Mitte zwischen Brandenburger Tor und Alexanderplatz und den daran angrenzenden Vierteln.

Da geht es ganz praktisch um Standort-Marketing. Und das ist, jedenfalls auch, eine Frage der Sichtbarkeit und der unverwechselbaren Erkennbarkeit. Dabei scheinen der Zoo und die zweifellos markante Silhouette der Gedächtniskirche nicht mehr zu genügen, um bei Reiseführern und ihren Pendants im Internet auf die allerersten Seiten zu kommen.

Wohl auch deshalb wird hier seit vielen Jahren um die Frage gestritten, ob denn direkt hier in der City um die Gedächtniskirche herum noch weitere Geschäfts- und Wohnhäuser von klar über 100 Meter entstehen dürfen oder nicht. Die Senatsbaudirektorin, wie gesagt, ist mit ihrem Baukollegium strikt dagegen. In ihrer Behörde kann man sich nur deutlich niedrigere sogenannte „Hochpunkte" oberhalb der Berliner Traufhöhe vorstellen, und die auch eher in Randbereichen der City. Verfechter:innen eines einheitlichen Stadtbildes pflichten dem bei. Und die Teile des politischen Spektrums, die ohnehin allem, was „Investoren" vorschlagen, mit abgrundtiefem Misstrauen begegnen, ebenfalls.

Befürworter:innen hingegen geht es gar nicht nur um die Errichtung von Prestigebauten im Sinne von „sich einen Namen machen". Beim einen der beiden Hochhäuser hier nebenan durfte zwar nachträglich hoch oben noch dezent das Logo des Hotels angebracht werden, das dort oben seine Luxussuiten hat, und ein paar Jahre später sogar der volle Name. Davon abgesehen wollen diese beiden Türme gestalterisch nicht unbedingt etwas ganz Besonderes sein. Wenn ich ihren Erbauern glauben darf, versuchen sie ganz bewusst nicht, das Ensemble der Gedächtniskirche optisch in den Schatten zu stellen – nur in der Abendsonne haben wir jetzt tatsächlich zusätzlichen Schatten auf der leuchtenden Wand hinter dem Altar.

Heutige Hochhausplaner:innen argumentieren ökologisch. Gerade hier, an einem der Knotenpunkte des ÖPNV würden Hochhäuser der Innenstadt viel Verkehr ersparen, der sich sonst in den Straßen verteilt, besonders motorisierten Individualverkehr. „Vertikale Verdichtung" ist ein wichtiges Leitwort auch im Hinblick auf den großen Bedarf an zusätzlichen Wohnungen. Und als Bestandteil größerer Entwicklungsprojekte könnten Hochhäuser ertragbringende Funktionen aufnehmen, die dann nicht in den bodennahen Bereichen untergebracht werden müssen. So können dort, nah am öffentlichen Straßenraum, Freiräume für Kultur und Begegnung entstehen, die einen „Mehrwert" für die Allgemeinheit darstellen und die Attraktivität der City steigern.

Von alldem werden wir heute Vormittag hören – nachdem wir selbst per Aufzug immerhin bis in die 31. Etage gefahren sind und damit in die Höhe, bis zu der einstmals der hiesige Kirchturm reichte. Dort könnt ihr mit Türmerblick auf die Stadt schauen. Und ihr könnt nachfragen und zusehen, ob die Argumentation einleuchtet oder ob es letztlich doch überwiegend darum geht, sich selbst bzw. dem jeweiligen Unternehmen weithin sichtbar einen Namen zu machen.

In der biblischen Geschichte ist Gott aus dem Himmel herabgefahren, um zu sehen, was die Menschlein dort unten anstellen. Er erblickte in dem Bauprojekt den Ansatzpunkt zu einer Versuchung, die die Menschen maßlos werden lassen könnte in ihrem Streben nach Autonomie und Macht. Irgendwann würde nichts mehr sie stoppen können. Um das zu verhindern, hat er prophylaktisch ihre Sprachen verwirrt. Der Turmbau geriet ins Stocken, weit unterhalb der Wolkengrenze, und das Wachstum der künftigen Metropole, des später so übermächtigen Babylon, kam für etliche Jahrhunderte gleich mit zum Stillstand.

Mir ist diese Symbolgeschichte unseres Glaubens immer mal wieder durch den Kopf gegangen, seit ich – ausdrücklich als Pfarrer der Gedächtniskirche – eingeladen wurde, an den Beratungen des WerkStadtForums zur Leitbildentwicklung für die City West teilzunehmen. Doch habe ich da keine himmelstürmenden Pläne wahrgenommen, auch keine Tabula-Rasa-Erneuerungsphantasien wie 1948 und in den Folgejahrzehnten, als man auf den Trümmern des vorherigen Berliner Westens ein international ausstrahlendes neues Berlin plante, autogerecht und für damalige Verhältnisse hier und da sogar spektakulär. Ich habe vielmehr ein konzentriertes Bemühen erlebt um eine menschenfreundliche, an den Zielen von Nachhaltigkeit und Klimaneutralität orientierte Innenstadt.

Meine Frage war eher: Wie soll das gelingen? Ökologischer Stadtumbau – großenteils im Bestand! Mit recht wenig freien Flächen. In einer vielfach überregulierten Gesamtsituation und mit wenig politischen Durchgriffsmöglichkeiten gegenüber einer wenig effizienten Behördenstruktur.

„Dass sie aufhören mussten, die Stadt zu bauen", heißt es in der biblischen Erzählung am Schluss; vom „Turm" ist da gar nicht mehr die Rede. Die Stadtentwicklung kam im Sprachenwirrwarr zum Erliegen. Das aber wäre heute fatal.

Doch diese Gefahr ist real gegeben. Ich erlebe in den öffentlichen Diskussionen eine Menge Sprachverwirrung. Als jemand,
der sich sein ganzes bewusstes Leben hindurch immer eher auf
der politischen Linken fand, bin ich erschrocken darüber, wie
reflexhaft und enggeführt in den Berliner Regierungsparteien
oder zumindest in einflussreichen Teilen und Flügeln dersel-
ben in Fragen der Stadtentwicklung agiert wird, wie wenig
Gesprächsbereitschaft es da vielfach zu geben scheint.

Im Frühsommer habe ich mich in einem offiziellen Forum für
Bürgerbeteiligung eingemischt, erklärtermaßen als Gedächtnis-
kirchenpfarrer, doch ebenso ausdrücklich auf eigene Kappe. Ich
habe kundgetan, dass ich es durchaus reizvoll fände, wenn um
den zum Mahnmal gebrochenen Alten Turm der Kirche herum
noch ein paar weitere Hochhäuser entstünden – immer mit Res-
pektabstand zur Gedächtniskirche, um sie nicht ihrer Wirkung zu
berauben. Wie wäre es, wenn die City West dadurch über dieser
insgesamt sehr flachen Stadt doch so etwas wie eine Stadtkrone
bekäme? Zumindest sollte diese Debatte nicht von vornherein
durch die Senatsverwaltung für Stadtentwicklung verhindert
werden.

Für uns als christliche Theolog:innen liegt bei der Turmbau-
geschichte der Blick zur Pfingsterzählung (Apg. 2) stets nahe.
So auch jetzt. Ich würde mir für die so dringenden Debatten um
die Stadtentwicklung sehr wünschen, dass wir es lernen, die
Sprache der je anderen mit ihren Hintergründen zu hören und
uns verständlich zu machen. Das WerkStadtForum, von dem wir
nachher hören werden, ist ein solcher Versuch, möglichst viele
Akteur:innen miteinander ins Nachdenken zu bringen. So soll
aus der Zersplitterung der Positionen ein abgestimmtes „Wir"
werden. „Lasst uns eine Stadt bauen" und darin, wenn es sinnvoll ist, auch den einen oder anderen „Turm". „Wohlauf!"

Die Aufgaben des Stadtumbaus sind immens groß und die
Zeit dafür ist knapp. Knapp im Hinblick auf das Ziel der Kli-

maneutralität und knapp auch, um die Innenstadt attraktiv zu halten und menschenfreundlich weiterzuentwickeln. Es wäre göttlich, dies mit klaren Ansagen oder einem Fingerschnipsen oder auch Ein-Punkt-Volksentscheiden durchsetzen zu können.

Wir sind aber Menschen und müssen uns mit den anderen um uns herum verständigen und sie ggfs. zu gewinnen und mitzunehmen suchen. Darum sollten wir lieber auf den göttlichen Geist von Pfingsten hoffen und versuchen, in seinem Sinne das uns Mögliche zur Verständigung beizutragen: zur Verständigung über gemeinsame Ziele und über die Wege, die dahin zu gehen sind. Ich bin gespannt, was ihr aus euren jeweiligen städtischen Kontexten heraus dazu zu sagen habt.

Amen.

„Weiß der Himmel …?"
Abendvortrag Citykirchenkonferenz, 27.10.2021, St. Thomaskirche Berlin-Kreuzberg

Barbara von Bremen

Weiß der Himmel – so betitelt Tillmann Prüfer, Chefredaktion des ZEITmagazins, sein Buch, in dem er beschreibt: „Wie ich über die Frage nach Leben und Tod stolperte und plötzlich in der Kirche saß", so der Buch-Untertitel. Die Kirche, die Prüfer meint, ist die St. Thomaskirche in Berlin-Kreuzberg[1].

Weiß der Himmel – der Titel passt zu St. Thomas, einer Kirche, die viele Fragen aufwirbelt. Die Kirche hat eine bewegte Geschichte, stand mal im Zentrum und mal im Abseits, hatte mal 150.000 Mitglieder und mal 1.300. Heute ist sie immer noch eine Landmarke, hat aber viele Baustellen.

Ihr Namensgeber, der biblische Thomas, der Ungläubige und Zweifler, der, der den Finger in die Wunden legt und genau hinschaut, mag eine Vorlage geben, um die Probleme von St. Thomas genau anzuschauen. Er ist zudem der Schutzheilige der Architekten, der Feldvermesser, der Maurer und Zimmerleute. Vielleicht haben diese Berufsgruppen ja genau diese Kompetenz genau hinzuschauen, den Dingen auf den Grund zu gehen und Zweifel zu äußern, bevor man etwas glaubt und überzeugt ist. Thomas ist der kritische Hinterfrager. Er will sich selbst ein Bild machen.

Schauen wir also genau hin. An St. Thomas stellen sich viele Fragen zur zukünftigen Nutzung und Bedeutung. Wie wird es mit dieser Kirche weitergehen? Welche Potenziale schlummern in St. Thomas – weiß das nur der Himmel?

---

1   Siehe: Prüfer, Tillmann (2018), Weiß der Himmel….?, Gütersloh.

Tillmann Prüfer gehört zur Thomasgemeinde. Passagen aus seinem Buch geben Einblick, wie jemand von außen, ein Bewohner der gentrifizierten Umgebung, die mächtige Thomaskirche an einem Sonntagmorgen um 10 Uhr zum Gottesdienst erlebt:

„Als ich nun an der Kirche ankam in meiner Kreuzberger Nachbarschaft, waren die Glocken schon verstummt, und stattdessen war Orgelmusik zu hören. Vor der Kirche stand ein Schild „Gottesdienst. Bitte verhalten Sie sich angemessen, die Kirche steht Ihnen danach wieder zur Besichtigung zur Verfügung." Wahrscheinlich ist es besser, das hinzuschreiben, damit die Leute nicht mit ihren Bierdosen das Gotteshaus betreten. Das haben die Menschen heute nicht mehr so parat, dass es in einer Kirche sonntags mitunter Gottesdienste gibt. Als ich die Tür öffnete, stand ich in einem gewaltigen Raum. (…)
Aber ich hätte nicht gedacht (…), dass eine große Kirche in Berlin sonntagsmorgens so leer ist wie ein Kaufhaus nach Ladenschluss."[2]

Eine kleine Gemeinde mit einer zu großen Kirche. Eine Kirche, die einmal sehr bedeutungsvoll war, deren Wunden aber durch die Teilung Berlins bis heute nicht geheilt sind. Die kleine Gemeinde hat schon viel versucht, um ihre Wunden zu heilen, aber die Transformationen der Stadt haben sie immer wieder überrollt.

Geschichte

St. Thomas ist ein mächtiges Gebäude. 1869 eingeweiht ist sie die zweitgrößte Kirche Berlins. Nur der Berliner Dom ist größer. Seit Mitte des 19. Jahrhunderts begann das Gebiet um die Kir-

---

2　Ebd., 2018, 20f.

che sich enorm zu verdichten. In den umliegenden Straßenzügen entstanden Mietshäuser sozial durchmischt durch Wohnungen in bürgerlicheren Vorderhäusern und ärmlicheren kleineren Wohnungen in den Seitenflügeln. In den Hinterhäusern und -höfen wurde gearbeitet. 67.000 Menschen lebten um die Jahrhundertwende auf einem Quadratkilometer in der sog. Luisenstadt. So passte es, dass von den ca. 150.000 Gemeindemitgliedern 3000 in der Kirche Platz fanden.

St. Thomas liegt am legendären Mariannenplatz, einem ursprünglich von dem bekannten preußischen Gartenkünstler Peter Joseph Lenné konzipierten Schmuckplatz im östlichen Teil des Berliner Bezirks Kreuzberg. Gleich nebenan säumt das ebenfalls imposante ehemalige Diakonissen-Krankenhaus Bethanien den Platz. Auf der Rückseite der Kirche war anfänglich ein Kanal angelegt, in dem sich die Kirche spiegelte. Doch bereits 1920 wurde der Kanal wegen Geruchs- und Ungezieferproblemen zugeschüttet und es entstand eine Schneise, die dem eng bebauten Stadtteil durch Licht und Luft Erholung bot.

So war St. Thomas in den 1920er Jahren zur Stadtbildung von Groß-Berlin eine Kirche mittendrin auf der Grenze zwischen den Bezirken Berlin-Mitte – jenseits des Kanals – und Kreuzberg am Mariannenplatz.

Sektorengrenze – Mauerbau – Gemeindeteilung

Die Transformation der Stadt bekam St. Thomas hautnah und existenziell zu spüren. Nach dem Zweiten Weltkrieg, als Berlin in die vier Sektoren aufgeteilt wurde, ging der Bezirk Mitte an den sowjetischen Sektor und der Bezirk Kreuzberg an den US-amerikanischen. Somit bekam der Gemeindebezirk einen tiefgreifenden Riss, der direkt hinter der St. Thomaskirche am stillgelegten Kanal entlangführte. Der 13. August 1961, der Tag des

Berliner Mauerbaus, durchtrennte dann die Gemeinde vollstän-
dig und die Kirche, einst zentral in der Mitte der beiden Bezirke
gelegen, rückte vom Zentrum an den Rand.

Der ehemals stillgelegte Kanal, die Licht- und Luftschneise,
wurde zum Todesstreifen zwischen Ost und West. St. Thomas lag
von nun an direkt tuchfühlend an der Mauer. Die größte Kirche
West-Berlins war nun in den hintersten Teil der geteilten Stadt
gerückt und hatte einen großen Teil ihrer Gemeindemitglieder
hinter der Mauer verloren.

St. Thomas in West-Berlin

Bis 1983 schrumpfte die Gemeinde auf nur noch 4348 Mitglieder
und die riesige Kirche wurde für die Gemeinde viel zu groß. Der
Süd-Osten Kreuzbergs war zur Zeit von West-Berlin ein prekä-
rer abgehängter Stadtteil. Hierhin zogen türkische Migrant:innen
und Studierende. Hier fand die erste Berliner Hausbesetzung
1971 statt, im stillgelegten benachbarten Bethanien-Kranken-
haus, das der Berliner Senat abreißen wollte. Diese Hausbesetzung wurde legendär, da die bekannte Berliner Rockband „Ton
Steine Scherben" mit dem Sänger Rio Reiser diese Besetzung
mit ihrem Georg-von-Rauch-Haus-Song[3] über die Stadt hinaus
bekannt machte.

Der Mariannenplatz wurde dadurch bekannt und auch St.
Thomas rückte wieder stärker ins öffentliche Stadtgeschehen.
Themen der Stadtsanierung und der Migrant:innen gelangten
nun auch ins Gemeindeleben und führten dort zu kontroversen
Auseinandersetzungen mit dem eher bürgerlich geprägten Teil
der Gemeinde. Dem mit den Hausbesetzer:innen sympathi-
sierenden Pfarrteam warf man „mangelnde Kirchlichkeit und

---

3   Ton Steine Scherben, T/M: Rio Reiser und R.P.S. Lanrue (1972), Rauch-
    Haus-Song, online verfügbar: https://www.riolyrics.de/song/id:178.

Frömmigkeit"[4] vor. St. Thomas wurde in dieser Zeit – neben weiteren evangelischen Kirchengemeinden in Kreuzberg – zum zentralen Ort städtischer Öffentlichkeit. Diese Kirchengemeinden waren Impulsgeberinnen und Akteurinnen der „partizipatorischen und behutsamen Stadterneuerung, die sich letztendlich gegen die Sanierungsziele des Staates durchsetzte."[5]

Seit dieser Zeit stand und steht St. Thomas bis heute an der Seite der Prekären, der Obdachlosen und später auch der Asylsuchenden.

Nach dem Mauerfall

Nach dem Mauerfall 1989 hoffte die St. Thomasgemeinde auf eine Wiedervereinigung der ursprünglichen Gemeinde, was aber nicht mehr geschah. Auch eine Kooperation mit der damaligen „Hochschule der Künste" fiel dem Mauerfall zum Opfer. So blieb auch nach 1989 die Kirche „Zu groß, zu leer, zu teuer….." Unter diesem Titel stand die rbb-Sendung: „Gott und die Welt" vom 25.09.2017.

Heute

Heute liegt St. Thomas wieder zwischen den Stadtteilen Berlin-Mitte und Kreuzberg vorne weiterhin am Mariannenplatz neben dem mittlerweile vielfältig genutzten Kunstraum Bethanien und dem weiterhin existierenden Georg-von-Rauch-Haus, das mittlerweile sein 50. Jubiläum gefeiert hat. Hinter der Kirche ist aus dem ehemaligen Luisenstädtischen Kanal ein grüner Gartenweg

4 Hochmuth, Hanno (2017), Kiezgeschichte, Friedrichshain und Kreuzberg im geteilten Berlin, Göttingen, 2016.
5 Ebd., 2017, 201.

geworden. Die Außenhaut der Kirche wurde auf Senatskosten frisch saniert und gibt ein intaktes Bild der wunderschönen roten Backsteinkirche. Erst im Innenraum bekommt man ein Gefühl für die atemberaubende Größe der Kirche. Man schaut in einen weiten Raum mit einer 40 Meter hohen Kuppel. Durch die hohen Fenster an den Seiten und die Fensterreihe in der Kuppel wirkt die Kirche hell. In den 50er-Jahren wurde der Innenraum allerdings komplett so umgestaltet, dass er hauptsächlich eine klassische gottesdienstliche und kirchenmusikalische Nutzung zulässt.

Erweiterte Nutzungen sind leider erschwert. Es gibt keine Seitenemporen mehr, dafür wurde eine größere Empore für Orgel, Chor und Orchester direkt über dem Eingang erweitert. Im Zentrum des Mittelschiffs, direkt unter der Kuppel, wurde der Altar aus dem Chorraum vorgezogen und von einem Baldachin überwölbt, der den Raum leider sehr dominiert und den freien Blick in die hohe Kuppel unterbricht. Akustisch ist der Raum problematisch mit einer Nachhallzeit von sieben Sekunden und die antiquierte Luftheizung frisst Öl und macht daher eine winterliche Nutzung fast unbezahlbar und mittlerweile ökologisch unverantwortbar.

St. Thomas – im Ensemble der Gemeindekirchen

Seit dem 1.1.2022 ist die Gemeinde mit den beiden Kreuzberger Nachbargemeinden fusioniert und muss jetzt ihr neues Gemeindeprofil entwickeln. Es gibt für ca. 9'000 Mitglieder neben drei Kirchenmusikern und anderen Mitarbeitenden, teilweise mit geringfügigen Beschäftigungsverhältnissen, zwei Pfarrstellen, einen Pfarrer im Nebenamt, einen Geschäftsführer und insgesamt 5 Kirchengebäude. Was soll nun an welchem Standort stattfinden? – Das ist die Herausforderung für die neue Gemeinde.

In der St. Thomas-Kirche findet jeden Sonntag weiterhin um 10 Uhr ein Gottesdienst statt, so wie ihn Tilmann Prüfer erlebt hat. Hierzu gibt es viele Pfarrpersonen im aktiven oder Ruhe-Stand, die gern dort predigen, durchaus auch prominente Prediger:innen. Ein Pfarrer im Nebenamt lädt darüber hinaus gemeinsam mit dem Kantor regelmäßig mittwochs zur Mittagsandacht ein.

Trotz mangelnder Hauptamtlichkeit engagieren sich hier einige Ehrenamtliche und durch Jobcenter finanzierte Helfer:innen in der Kirchenöffnung, im Obdachlosen-Café, Gemeindekreisen, bei Gottesdiensten u. a. Veranstaltungen. Ein Freundeskreis und weitere mit St. Thomas vernetzte Initiativen und Organisationen veranstalten im Laufe des Jahres punktuelle Events und Kurzzeit-Nutzungen.

Bereits in den 80/90er Jahren gab es Ideen und sehr konkrete Konzepte für eine enge Kooperation von St. Thomas mit der Hochschule der Künste (heute: Universität der Künste). Die renommierte Kunst-Hochschule sollte die Kirche nicht nur mitnutzen, sondern in eine gemeinsame Trägerschaft einsteigen. In Kombination mit dem stadtbekannten Kunsthaus Bethanien am Mariannenplatz war die Idee sehr attraktiv. Leider zog der Berliner Senat seine Planungen nach der Wiedervereinigung aus finanziellen Gründen zurück. Damit brachen die Bemühungen für eine strukturelle Kooperation mit Kunstinitiativen ab. Heute gibt es nur noch vereinzelte Ausstellungen im Kirchenraum, von engagierten Einzelpersonen organisiert.

Schwerpunkt der kulturellen Aktivitäten von St. Thomas ist die Musik. Die Kirche ist durch die erweiterte Orgel-Empore ausgestattet mit einer Orgel und viel Platz für Chöre. Der Kirchenmusiker ist verantwortlich für die musikalische Gottesdienstgestaltung sowie Chor-Arbeit und Konzert-Organisation.

Die Gemeinde hat zusammen mit einem kreiskirchlichen Jugendprojekt und in Kooperation mit dem Berliner Club Tresor

Electronic church Events ins Leben gerufen. Dann stehen in St. Thomas Konzerte mit elektronischer Musik, Tanz-Performances und Video-Installationen auf dem Programm. Aufwendige Licht- und Soundinstallationen verwandeln den Kirchenraum und ziehen die Clubszene in die Kirche. Unter Corona gab es bei diesem Event auch Raum für die Kunstschaffenden, die in der Pandemie verstorben sind und deren Werke gespielt wurden.

St. Thomas ist heute auch eine Kirche für Tourist:innen. Durch ihre Architektur, ihre Lage und ihre besondere Geschichte ist die Kirche heute weiterhin stadtbekannt: die Kirche am Mariannenplatz und am Mauerweg. Was einst ihr Makel war – die Kirche at the Edge, direkt an der Mauer – gehört heute zu ihrer Attraktion. Der touristisch vermarktete Mauerweg führt auch nach St. Thomas und an St. Thomas vorbei, ein Radweg, aber auch ein Weg für Bus-Touren. An der Kirche gibt es Platz für Fahrräder, selbst die Busse können hier Halt machen und parken. „Baut doch in die ehemalige Taufkapelle Toiletten für die Tourist:innen ein", so lautet eine Idee, auf einem Zukunfts-Workshop formuliert. Saubere gepflegte Toiletten machen den Tourismus in Berlin auf jeden Fall attraktiver und können die Finanzen aufbessern. Auch die durch ehrenamtliches Engagement erstellte Ausstellung, die die Mauer-Zeit fotografisch festgehalten hat und im Eingang der Kirche eindrückliche Bilder von der Kirche an der Berliner Mauer zeigt, ist für Tourist:innen attraktiv. Der Kirchenbau selbst ist bisher noch gar nicht touristisch erschlossen. Dabei hat St. Thomas Potenzial, das erforscht und genutzt werden könnte. Sie hat sowohl zwei Türme, von denen der Ausblick nach Mitte in die eine Richtung und nach Kreuzberg in die andere sicher einmalig ist. Auch eine eindrückliche Kuppel kann reizvoll sein zur Begehung. Aktuell ist die Kirche täglich zumindest ein paar Stunden geöffnet.

Die Chancen und Wunden/Grenzen von St. Thomas

Viele einzelne Aktivitäten und Veranstaltungen beleben die große Kirche über das Jahr verteilt. Aber: hat das alles Zukunft? Was ist die Perspektive einer Kirche, die sich kein eigenes Personal mehr leisten kann, die zu groß ist für die Ortsgemeinde? Ist sie überflüssig für die neu fusionierte Gemeinde? Von den fünf Kirchen der fusionierten Gemeinde ist St. Thomas die bekannteste Landmarke, aber reicht das aus, um ihr auch Zukunft zu sichern? Aus der Kiez- und Kreuzberger Stadtgeschichte ist St. Thomas nicht wegzudenken, – aber genügt das? Wer bezahlt in Zukunft das Leben von St. Thomas? Wer organisiert das kulturelle Leben und die Nutzungen der Kirche?

Auf einem Workshop zur Fusion der drei Gemeinden wurden viele Ideen formuliert, was in St. Thomas perspektivisch alles stattfinden könnte:

Macht aus der Kirche eine Skaterhalle, ein Café mit gemütlichem Außenbereich, baut Glas-Container ein, Coworking Spaces, kooperiert mit umliegenden Initiativen, Start Ups etc., hängt eine Riesenschaukel in den Raum wie in Bremen, wo man in Abrahams Schoß schaukeln kann …

Berlin-Kreuzberg ist heute einer der multikulturellsten Stadtteile Berlins mit über 180 Nationalitäten. Neben vielen Cafés, Bars, Restaurants, Clubs, Start Ups und gentrifizierten Häusern gibt es hier noch Reste aus dem rebellischen Berlin, Initiativen, die sich gegen Verdrängung und soziale Ungerechtigkeiten zu Wort melden. Braucht dieser Stadtteil diese Kirche noch?

Weiß der Himmel…

Der Direktor des Marburger Instituts für Kirchenbau, Prof. Thomas Erne, hat bereits 2007 geschrieben:

„Schrumpfende Mitgliederzahlen in einer schrumpfenden Gesellschaft legen den Schluss nahe, dass die Landeskirchen zu viele Kirchengebäude haben, die zudem für die veränderten Bedürfnisse falsch konzipiert sind. Es könnte aber auch sein, dass es nicht zu viele Räume, sondern zu wenig Ideen gibt. Denn die Diskussion um Zusammenlegung von Gemeinden, um Umwidmung, Abriss, Verkauf von Kirchen wird in der Regel einseitig unter ökonomischen Gesichtspunkten geführt. (…) Bevor eine Kirche umgewidmet, abgerissen oder verkauft wird, sollte ein Moratorium eingelegt werden, das der Gemeinde und einer breiten Öffentlichkeit die Gelegenheit gibt, das Potenzial ihres Kirchengebäudes auszuloten. Wenn eine Gemeinde und Öffentlichkeit das Religiöse im Kirchenraum wieder neu entdeckt hat, kann sie über die Zukunft des Gebäudes auch unter wirtschaftlichen Gesichtspunkten entscheiden."[6]

Wolfgang Grünberg, einer der ersten Lehrer einer Theologie der Stadt, hat es so beschrieben: „Die Kirche auf der Ebene der Ortsgemeinde hat in einer mobilen Stadtregion nur dann eine Chance, wenn sie sich selbstständig profiliert und nicht als Aldi-Filiale höherer Ordnung begriffen wird…"[7]

St. Thomas muss ihren Genius Loci neu finden. Sie ist heute nicht mehr der Ort städtischer Öffentlichkeit und doch eine Landmarke, die zum Stadtteil gehört und nicht wegzudenken ist. Vielleicht nutzen ihr heute alle durchlebten Transformationen, alle Veränderungen und Brüche, ihr Scheitern und Allein-gelassen-Bleiben? In der Citykirchenbewegung sind die interessantesten Profile meist aus einer Mangelsituation entstanden. Große leere

---

6   Erne, Thomas (2007), Die Wiederentdeckung des Raumes in der Evangelischen Theologie, in: Zeitschrift „Arbeitsstelle Gottesdienst" der GAGF (21. Jahrgang, Heft 02), 5–13.

7   Grünberg, Wolfgang, (2004), Die Sprache der Stadt. Skizzen zur Großstadtkirche, Leipzig, 106.

Kirchen standen da, mit zu kleinen Gemeinden. Es musste etwas
Neues entstehen. So wurden die ersten Bänke durch mobile
Stühle ersetzt, kamen Kunstschaffende in die Kirchenräume und
brachten den Zeitgeist hinein, wurden starre Liturgien aufgebrochen.

Heute ist das alles nicht mehr neu. Im Gegenteil, manchmal
hat man den Eindruck, es wird sehr beliebig, was in den Kirchen-
räumen stattfindet, weil alles möglich geworden ist. Heute sind
der Individualisierungsprozess sowie der Traditionsabbruch – in
Berlin extrem – rasant vorangeschritten. In einem Stadtteil wie
Kreuzberg ist die individualisierte Religion und Lebensgestal-
tung mittlerweile zur Mainstream-Religion mutiert.

Welche Funktion kann der große Kirchenraum da erfüllen?
Dieser Such- und Findungsprozess steht der neuen Gemeinde
bevor. Noch einmal Wolfgang Grünberg: „(…) Kirchen (…)
sind in spezifischer Weise Regenerationsorte für die Seele der
Menschen, Asylorte für Gefühle und Ängste, Animationsorte für
Lebensmut und Lebensgestaltungen, Segensräume für inneren
Frieden. Im nicht religiösen Sprachspiel geredet: Kirchen sind
Orte und Ressourcen mentaler Nachhaltigkeit im umfassen-
den Sinn."[8] Vielleicht sollte die neu fusionierte Gemeinde sich
zunächst darauf ausrichten, St. Thomas als Regenerationsort für
die Seele der Menschen zu verstehen, als Ort, an dem ich fühle
und erlebe, dass ich Teil eines Größeren bin. Dafür hat die große
hohe Kirche Potenzial. „Bewahrt diesen Raum" – das hat Tilmann Prüfer auf der Citykirchenkonferenz formuliert. Gerade
für die Bewohner:innen des gentrifizierten Umfeldes von St.
Thomas hält Prüfer den Kirchenraum für unentbehrlich. Ein
wichtiger Regenerationsort eben!

Wie auch immer die Kirche zukünftig genutzt wird, St.
Thomas hat einige offensichtliche „Wunden", Baustellen, die

---

8 Grünberg, Wolfgang, 2004, 75.

für jede Nutzung in den Blick genommen werden müssen: Die Gebläse-Heizung auf Öl-Basis ist ineffektiv und energiefressend, so dass momentan Veranstaltungen hauptsächlich in der heizungsfreien Zeit stattfinden. Der Altar ist fest in der Mitte der Kirche installiert und schränkt die räumliche Nutzung erheblich ein. Hinzu kommt der über dem Altar aufgebaute Baldachin, auf dem Urheberrechte liegen, die einen Abriss erschweren. Die Akustik ist eigen und die installierte Tonanlage nur auf Gottesdienst und Sprache ausgerichtet. Zudem beschallt sie nur Teile des Kirchenraumes.

In seinem Buch: Hybride Räume der Transzendenz unterscheidet der Marburger Professor Thomas Erne zwischen ästhetischen und religiösen Erfahrungen im Kirchenraum. Die Gottesdienstgemeinde, die seit Jahren in St. Thomas zu Hause ist, findet Regeneration in ihrem vertrauten Raum. Aber für die vielen kirchlich Unmusikalischen braucht es mehr Aufmerksamkeit auf die Ästhetik des Raumes.

Zu wünschen bleibt, dass die Landmarke St. Thomas weiterhin belebt und bespielt wird. Wie die zukünftige Nutzung aussehen wird, das weiß vorerst nur der Himmel und irgendwann hoffentlich die neue Gemeinde.

Transformationen II: Rückblick

Erinnerungen an die Arbeitsstelle Kirche und Stadt
Eine Schatzsuche

Nils Petersen

I.

Sich an die kleine universitäre Arbeitsstelle „Kirche und Stadt" in Hamburg zu erinnern, gleicht einer Schatzsuche. Es ist aufregend, anstrengend, inspirierend und manchmal zum Verzweifeln. Es ist nicht so, dass man sein Ziel erreicht hat, wenn man die Schatztruhe (einer der vielen) gefunden hat. Das Gegenteil ist der Fall. Wer es wagt, die Schatztruhe zu öffnen, findet unzählige einzelne literarische Socken, die nicht zueinander passen wollen. Textfragmente, angefangene Studien, interessante Ideen und Eindrücke, unzählige Gedankenfäden. Für alle Neugierigen und Mutigen lohnt sich immer wieder diese Kiste zu öffnen, einen alten Faden aufzugreifen, um ihn dann weiter zu spinnen. Diese große Schatztruhe ist keineswegs das einzige Vermächtnis der Arbeitsstelle Kirche und Stadt. Die Truhe steht vor einem Bücherregal und in diesem finden wir das „Lexikon der Hamburger Religionsgemeinschaften"[1], es steht neben dem Buch „Die Sprache der Stadt"[2] und dem Arbeitsbuch „Kirche morgen"[3]. Ein ganzes Regalbrett nimmt die rote Reihe „Kirche in der Stadt" ein. Mit dem Gewicht eines Backsteins macht ein Buch deutlich, wie groß in dieser kleinen Arbeitsstelle gedacht wurde: „Wie

---

1 Grünberg, Wolfgang/L. Slabaugh, Dennis/Meister-Karanikas, Ralf (1995), Lexikon der Hamburger Religionsgemeinschaften. Religionsvielfalt in der Stadt von A bis Z, Hamburg.

2 Grünberg, Wolfgang (2004), Die Sprache der Stadt. Skizzen zur Großstadtkirche, Leipzig.

3 Reitz-Dinse, Annegret/Wolfgang, Grünberg (2003), Kirche morgen: ein Arbeitsbuch im Auftrag des Kirchenkreises Alt-Hamburg, Leipzig.

roter Bernstein: Backsteinkirchen von Kiel bis Kaliningrad; ihre Kraft in Zeiten religiöser und politischer Umbrüche."[4]

Ganz oben auf dem Bücherregal sitzt Prof. Dr. Wolfgang Grünberg. Läßt die Beine baumeln, während er ein Stück Kuchen ißt und uns alle, bis heute, immer wieder mit seiner unstillbaren Neugier ansteckt.

Sie an die Arbeitsstelle Kirche und Stadt zu erinnern bedeutet, sich an Wolfgang Grünberg zu erinnern. Sich an die Arbeitsstelle Kirche und Stadt zu erinnern bedeutet, eine Schatzkiste zu öffnen, die vollgestopft ist mit Ideen, Ansätzen und Perspektiven, mit denen wir kirchliche Arbeit in der Stadt beobachten und analysieren können.

Prof. Dr. Wolfgang Grünberg war der erste und einzige Leiter dieser kleinen, aber maßgeblichen Forschungsstelle. 1987 von ihm am Fachbereich für Evangelische Theologie in Hamburg entworfen und begründet, leitete er sie bis 2015. Danach kam es zu keiner weiteren Finanzierung und die Arbeitsstelle Kirche und Stadt wurde geschlossen. In der Zeit standen Wolfgang Grünberg, neben seinen Kolleg:innen, zahlreiche Wegbegleiter:innen zu Seite. Stets gab eine:n wissenschaftliche:n Geschäftsführer:in der Arbeitsstelle, Honorarmitarbeiter:innen, studentische wissenschaftliche Hilfskräfte und natürlich die CityKirchenKonferenz. Austausch, Diskurs, Streit, Scheitern und Neubeginn stadtkirchlicher Arbeit in Deutschland, Europa und darüber hinaus, wurde dokumentiert und reflektiert.

Wie kann man am besten an diese wunderbare Arbeitsstelle erinnern? Ich habe die Schatzkiste geöffnet und zwei Socken herausgeholt, die so scheinbar gar nicht zusammenpassen. Ein Jahr nach Wolfgang Grünbergs Tod wurde zu einem Gedenkgottesdienst in die kleine Kirche in Hamburg Nienstedten an der

---

4　Grünberg, Wolfgang (Hg.) in Zus. mit Höner, Alexander (2008), Wie roter Bernstein. Backsteinkirchen von Kiel bis Kaliningrad; ihre Kraft in Zeiten religiöser und politischer Umbrüche, Hamburg.

Elbchaussee eingeladen. Den Gottesdienst haben der Hannoversche Landesbischof Ralf Meister, als langjähriger Weggefährte von Wolfgang Grünberg und ich, der letzte wissenschaftliche Geschäftsführer der Arbeitsstelle, gemeinsam geleitet. Meine kleine Ansprache zeigt, wie ansteckend und zielführend die Ideen und Fragen von Wolfgang Grünberg gewesen sind und dass sie noch lange nachwirken werden.

Als zweite Erinnerung habe ich einen bisher unveröffentlichten Vortrag herausgesucht: „Zwischen Kultur, Spiritualität und Diakonie. Stadt- und Citykirchenarbeit im Wandel". Wir waren zur Konferenz der Stadtkirchenarbeit in der EKvW Dortmund geladen und dort habe ich am 12. März 2014 diesen Vortrag gehalten. Schon damals wurde in der Arbeitsstelle versucht, großen und komplexen Themen aus unterschiedlichen Perspektiven betrachtend gerecht zu werden.

Die Arbeitsstelle, das wird immer wieder deutlich, hatte einen enormen Weitblick und versuchte immer, zeitaktuell Phänomene und Herausforderungen zu beschreiben und durchaus auch zu bewerten. Mit Neugier aufspüren, welche Phänomene sich in der Stadt ereignen; fasziniert beobachten und beschreiben, wie Kirche auf die aktuellen Herausforderungen reagiert; das war die Arbeitsstelle Kirche und Stadt, mit allen wunderbaren Menschen, die hier gemeinsam mit Wolfgang Grünberg denken und arbeiten durften.

II.
Kirche Nienstedten, 23.04.2017

Ihr Lieben, liebe Heidi, liebe Beate, ...
„Wo sind die Fenster?"
Diese Frage hat Wolfgang mehrfach gestellt. Oft ganz konkreten Personen, leider den falschen; die es nämlich nicht wussten.

Manchmal sogar mir, obwohl klar war, dass ich es auch nicht wußte. Und manchmal während wir an den Texten der aktuellen Studie arbeiteten ganz unvermittelt zu sich selbst.

„Wo sind die Fenster?"

Die letzte Studie, die unter Wolfgangs Regie in der Arbeitsstelle Kirche und Stadt durchgeführt wurde, trug den Titel: „Heterogenität – Homogenität – Polarität. Traditionsabbruch und Neubeginn in der gespaltenen Stadt."

Vier Orte wurden von uns besucht und untersucht, natürlich unter ganz bestimmten Fragestellungen: die Kirchengemeinde Steilshop, die Michelklasse, das Kinderhaus „Die Arche" in Jenfeld und das Barmbek°Basch[5]. Das Basch war knapp ein Jahr alt, als wir die Studie für den Kirchenkreis Hamburg-Ost begannen.

In Barmbek waren drei Gemeinden zu einer fusioniert, zwei Kirchen wurden als Gemeindekirchen aufgegeben. Die Heiligengeistkirche in Barmbek wurde zum Teil sogar abgerissen. Der Prozess um die Heiligengeistkirche, Abriss oder Restaurierung, all diesen Fragen gingen damals auch über Wolfgangs Schreibtisch und seine Empfehlung und die der Arbeitsstelle war: „Nicht abreißen! Erhalten!" Vielen Kolleg:innen aus Wolfgangs Generation, so habe ich es vielfach erlebt, halten Neu-Gotische Kirchen im Allgemeinen für irgendwie und generell überflüssig. Wolfgang war da immer anders, er war undogmatisch und guckte immer wieder neugierig auf den spezifischen

---

5 *Barmbek Basch* geht zurück auf ein Wort aus dem Hamburger-Plattdeutsch und bedeutet so viel wie *derb*. Barmbek ist ein alter Arbeiterstadtteil und diesen würde eine gewisse Rüpelhaftigkeit nachgesagt. Im März 2010 wurde das *Barmbek°Basch* als Community Center eröffnet. Es handelt sich bei diesem Stadtteilzentrum um ein Hamburger Pilotprojekt. Unterschiedliche Institutionen finden sich unter einem Dach. Das *Barmbek°Basch* wird getragen von der evangelisch-lutherischen Kirchengemeinde Alt-Barmbek, dem Kinder- und Familienzentrum (KiFAZ) mit Familienhebammen, der Bücherhalle Dehnhaide, dem Kulturpunkt im Basch, dem Seniorentreff der Arbeiterwohlfahrt, der Erziehungsberatung und der Mütterberatung des Bezirksamts Barmbek-Nord.

Ort im Stadtgefüge; auf die Historie, den Raum und vieles mehr. Da ging es nicht um Geschmack (nach meinem Geschmack hätte ja die Bugenhagen-Kirche niemals aufgegeben werden dürfen). Es kam so völlig anders. So ist das und Wolfgang war darüber auch nicht verbittert. Aber er fragte immer wieder: „Wo sind die Fenster?"

In den 50er Jahren war die Heiligengeistkirche nach der Zerstörung im Zweiten Weltkrieg wieder aufgebaut worden. Durch Bombeneinschlag war sie weitgehend zerstört. Die Glaskünstlerin Anna Andersch-Marcus[6] erhielt in den 60er Jahren den Auftrag, 50 Fenster für die Kirche zu gestalten und zu schaffen. Anna Andersch-Marcus war eine weltweit renommierte Künstlerin und die Fenster sind wirklich etwas Besonders. Nach dem Teil-Abriss der Kirche im Jahre 2005 und dem neuen Konzept waren die Fenster weg. Wenigstens aus der Öffentlichkeit verschwunden. Ein Hamburger Architekt, Jens Homann, hatte im Hamburger Abendblatt aufgerufen die Fenster zu retten.[7] Aber es blieb doch recht still um die Kunstwerke.

Ein sehr großes rundes Fenster hängt im Basch. Wunderschön gestaltet und in Fragmente geteilt, sehr sinnlich und zur Interpretation einladend an die Wand gebracht. Wir standen unten, zusammen mit Susann Kropf[8], und Wolfgang fragte: „Wo sind die Fenster?"

Wir erfuhren dann irgendwann, dass einige verkauft worden waren, in die Schweiz. Ein Mensch hätte seine Privatkapelle

---

6   Anna Andersch-Marcus; auch *Anna Kienau* (*29. Mai 1914 in Kiel; †11. April 2005 in Jerocham , Israel).

7   Gretzschel, Matthias, Zum Tod von Anna Andersch-Marcus: Mit dem vor einigen Wochen bekanntgewordenen Beschluß zum Teilabriß der Heiligengeistkirche in Barmbek sind auch die von Anna Andersch-Marcus für diese Kirche geschaffenen Fenster in Gefahr. Der Architekt Jens Homann rief zur Rettung dieser 50 Glaskunstwerke auf. Hamburger Abendblatt, 16.04.2005.

8   Pastorin Susann Kropf war mehrere Jahre studentische Hilfskraft in der Arbeitsstelle. Heute ist sie Pastorin an der Christuskirche Hamburg-Othmarschen.

damit gestaltet. Aber auf diesem Weg kamen wir auch nicht weiter und verfolgten die Fenster weiterhin, wenn auch immer etwas halbherzig, denn wir hatten ja ein anderes Thema.

Dass es die Arbeitsstelle nicht mehr gibt, war für Wolfgang auf eine besondere Weise tragisch, denn er wollte gerne, dass die Arbeit weitergeht. Als ich ihn das letzte Mal besucht habe, erzählte ich ihm, dass wir die Rote Reihe, Kirche in der Stadt, weiterführen und ein neuer Band herauskommt: Stadtliturgien – wieder als Buch der CityKirchenKonferenz. Das machte ihn wirklich sehr glücklich und er freute sich auf das Buch. Leider hat er es nicht mehr erlebt. Aber Wolfgangs Fragen und Gedanken wehen weiter durch die Konferenzen. Es vergeht keine CityKirchenKonferenz, ob in Mannheim, Dresden, Rotterdam oder London, in der nicht die Namen der Väter der Citykirchenarbeit fallen: Hans Werner Dannowski, Michael Göpfert, Günther Krusche, Wolfgang Grünberg.

Wolfgangs neugierige Fragen bleiben und haben auch auf mich abgefärbt. Vor ein paar Monaten saß ich mit Pastor Ronald Einfeldt aus Barmbek im Basch zusammen. Wir waren mit unserem Gespräch im Grunde am Ende, da fragte ich ihn: „Wo sind die Fenster?"

„Ja, da gibt es so einen Kriechkeller unter der Kreuzkirche, da liegen noch welche."

Eine Woche später bin ich dann in andächtig gebückter Haltung mit dem Kollegen aus Barmbek in diesen Kriechkeller und da waren sie. Wunderbare Kunstwerke. Leider auch viel Glasbruch. Beim Ausbau oder wegen unsachgemäßer Lagerung, aber auch sehr viele unbeschädigt. Die Geschichte geht so weiter: Ich habe beim Kirchengemeinderat beantrag, ob ich die Fenster haben kann, und zwar als Dauerleihgabe für die Hamburger Rathauspassage. Da wir keine Fenster in der Wand haben, bauen wir jetzt Fenster auf die Wand. Ein völlig neue Gestaltungselement im U-Bahnschacht, das die Kirchlichkeit unserer Arbeit dort unten untertage, sichtbar macht und nach vorne bringt. 16 Fenster haben wir bekommen, fünf sind schon aufgearbeitet und angebracht.

Mehrfach habe ich schon nach oben geguckt und gesagt: „Wolfgang, ich hab sie!" Und ich bin ziemlich sicher, und ich weiß gar nicht, warum mir das wichtig ist, ist es aber: ich glaube, Wolfgang wäre stolz auf unsere Arbeit, denn wenn ich die Fenster sehe, jetzt jeden Tag, denke ich an seine initiative Frage: „Wo sind die Fenster? Hier sind sie!"

Noch eine kurze Episode, die sich leider nur in meiner Phantasie abgespielt hat und so öfter ich sie mir vorstelle, vermutlich bald als echte Erinnerung abgespeichert wird: Im Gespräch mit Pastor Ronald Einfeldt kamen wir natürlich auf den Verkauf der Fenster und was so damit zu tun hatte, denn natürlich hätte die Gemeinde die Fenster nie verkaufen dürfen. Die Genehmigung hätten sie vom Landeskirchenamt niemals bekommen. Auf die Frage, was sie denn in Kiel für einen Vorschlag hätten, was mit den wunderbaren Fenstern zu machen sei, schlug man ihnen vor, ein großes Loch zu graben und die Fenster zu beerdigen. Eine spätere Generation würde sie dann ausgraben und wiederfinden. Und ich sehe Wolfgang aus dem Sofa spontan aufspringen und sich wild über so einen Unsinn ereifern. Gestikulierend und schimpfend, gar nicht mehr so auf Harmonie bedacht, denn so konnte er auch. Sich leidenschaftlich aufregen. Schade, ich hätte ihm das gerne so erzählt und ich hätte ihn gerne so erlebt.

„Wo sind die Fenster?"

„Wolfgang, wir haben sie!"

III.
Zwischen Kultur, Spiritualität und Diakonie. Stadt und Citykirchenarbeit im Wandel
Konferenz der Stadtkirchenarbeit in der EKvW Dortmund, 12. März 2014

Wir bleiben gerne unter uns!

Nicht jede Stadtkirche ist eine City-Kirche. Die alte Definition, was eine City-Kirche ist, lautete: Eine Kirche im Stadtzentrum ohne parochiale Gemeinde. Das heißt also eine Kirche mitten im Stadtgebiet einer größeren Stadt. In der Regel hat dieses Stadtgebiet rundherum um die Kirche seine Wohnbebauung durch die Bombenabwürfe im Zweiten Weltkrieg verloren. Die Kirche war stehen geblieben oder war wieder aufgebaut worden. Eine Kirche ohne Parochie. Dabei wurden viele Kirchen beim Neuaufbau der Städte geradezu energetisch abgeschnitten von den alten Wegen und Lagen, vor allem von der Wohnbebauung, die aus den Stadtzentren verdrängt wurde. Neu-Wohnungen wurden aufgrund neuer Konzepte für „Autogerechte Städte" häufig nicht wieder aufgebaut. Dabei sind die Stadtplaner nach 1945 mit ihren Ideen keineswegs vom Himmel gefallen. Sie griffen auf Pläne und Entwürfe zurück, die aus den vorangegangenen 12 Jahren (1933–1945) stammten. Große breite Trassen, Pracht- und Machtstraßen, faschistoide Architektur. Nach 1945, das darf man nie vergessen, ist in deutschen Städten mehr Wohnraum durch Abriss zerstört worden, als durch die Bombardierungen im Zweiten Weltkrieg.

Diese Kirchen, jene mit verlorenen Wohngebieten, zentral gelegen, sind immer prädestinierte City-Kirchen gewesen. Mitten in der Innenstadt, groß und mit einem hohen symbolischen Kapital, weit sichtbar und immer ein Teil der Erinnerungskultur.

Die Arbeitsstelle Kirche und Stadt war über 25 Jahren so etwas wie das institutionelle Gedächtnis der Citykirchenarbeit. Die von ihr herausgegebene rote Reihe zeigt die sich verändernden Themen kirchlicher Arbeit und die wachsenden Herausforderungen in der Stadt auf.

Womit haben wir uns kirchlich in den Städten beschäftigt? Von Anfang bestand eine Spannung zwischen einer Ausrichtung der City-Kirchen als Kultur-Ort oder als Ort gelebter Diakonie. Zweifellos hat die Kulturarbeit die City-Kirchen-Arbeit lange Zeit dominiert. Diakonie oder Sozialkirchen entstanden, wenn überhaupt, in der zweiten Reihe.

In erster Linie war die kulturelle Arbeit der City-Kirchen vornehmlich Erinnerungskultur gewesen. Das hängt natürlich damit zusammen, dass diese Kirchen durch den Zweiten Weltkrieg ihre Gemeinde verloren hatten und die neu aufgebauten Städte, als autogerechte Städte, mehr Platz brauchten. Oft sind die Kirchtürme stadtarchitektonische Marker, die den Innenstadtbereich konstituieren. Die inhaltliche Arbeit, so sieht man es auch an vielen City-Kirchen in der Gestaltung des Außenraums, ist Erinnern und Warnen. Die Ausrichtung der Kirchen als Erinnerungsort ist nicht neu. Wurden nach den Deutsch-Französischen Kriegen sogenannte Friedenseichen gepflanzt, wanderte das Erinnern nach dem Ersten Weltkrieg hinein die Kirchen oft auch verbunden mit einem Heldengedenken außerhalb der Mauern. Diese Tradition führten die Kirchen nach dem Zweiten Weltkrieg erst einmal weiter. Doch in den 60er und 70er Jahren wuchs die Kritik am Heldengedenken parallel zur Aufarbeitung der deutschen Verbrechen. Auch das Erinnern musste kommentiert und kritisiert werden.

Das Leben, auch das kirchliche Leben, geht weiter. Man darf nicht in der Vergangenheit hängen bleiben, das führt zu Depressionen. Die Citykirchen wandten sich im Laufe der Jahre von der Erinnerungskultur stärker der Hochkultur zu, wie man sagen könnte. Bildende Kunst, Ausstellungen von Maler:innen und Bildhauer:innen, ein breites musikalisches Angebot, Lesungen. Dabei richten die City-Kirchen ihr Angebot stark auf die intellektuelle Mittelschicht aus, quasi die gesellschaftlichen Hauptansprechpartner für Hochkultur. Zwar gibt es auch in manchen Kirchen häufig Sakro-Pop oder auch Slam-Poetry und vieles mehr, doch auch hier sind die Akteur:innen und die Besucher:innen in der Regel Bildungsbüger:innen.

Und ich frage an dieser Stelle, wer ist verantwortlich für die Kulturkirchen? In der Regel der:die Pastor:in und vielleicht ein Kulturausschuss aus dem Kirchengemeinderat. Nun sind City-Kirche und Stadtkirchen markante und symbolisch hochsensible Orte. Mitten in der Stadt, mitten in einer Metropole. Welche Kultur kommt denn in den Raum? Wer entscheidet das? Sind denn Pastor:innen, neben allen anderen bemerkenswerten Fähigkeiten, die wir haben, auch Kurator:innen? Nur weil ich gerne in die Kunsthalle gehe, bin ich weder Maler noch Kurator, das gilt auch für den restlichen Kirchengemeinderat. Und häufig, sogar in Kulturkirchen, läuft das dann so:

„Wir haben doch diese drei großen weißen Wände im Eingangsbereich. Da könnte man gut was aufhängen. – Aber nicht zu modern. Und bitte nicht zu schrill. – Es darf auch die Alten nicht abschrecken. – Ich kenne da eine tolle Malerin die malt Aquarelle. – Aber bitte, die hat doch keinen Namen, die kennt doch niemand. – Bei uns hat auch das nicht so Perfekte, das Gebrochene seinen Raum. – Oft ist Kultur in Kirchen, auch in der City gut gemeint. Und statt sich in die Stadt zu öffnen, bleiben die Kirchen ein closed shop."

Das evangelische Tagungshaus in Ammersbek, das Haus am Schüberg, wollte sich das Profil eines Kunsthauses geben und hat einen künstlerischen Leiter angestellt. Seitdem bleibt der

Geschäftsführung häufig fast das Herz stehen. Der Künstler und künstlerische Leiter, Axel Richter, vertritt die Auffassung, wenn man eine:n Künstler:in einlädt, darf man ihm oder ihr keine Vorgaben manchen. Sonst bräuchte man sie gar nicht einladen oder das Ergebnis wäre nichts Halbes und nichts Ganzes. Das führt schon mal dazu, dass in frisch renovierten Räumen der Putz abgeschlagen wird, für eine Installation oder Ähnliches. Mittlerweile zieht das Haus am Schüberg Künstler:innen und Besucher:innen geradezu magisch an, denn dort passiert Erstaunliches. Im Augenblick wird ein riesiger Friedhof am Hang des Schübergs angelegt, für gestorbene Romanfiguren. Jeder kann sich daran beteiligen und einen Antrag stellen, dass auch seine gestorbene Lieblingsfigur dort ein Grab bekommt.[9]

Auch wenn die Gemeinden es mitunter anders sehen, in der Regel macht ihr kulturelles Angebot in den Städten kaum jemandem Konkurrenz. Das soll sie mitunter auch nicht, wir bleiben halt gern unter uns. Die Konzerte von Kirchenchören füllen den Raum, egal ob in einer City-Kirche oder auf dem Land. Dabei ist auch die Qualität des Chores zweitrangig. Der Chor rekrutiert sein Publikum aus dem eigenen Bekanntenkreis, plus Gemeinde. Das wird besonders bei Orgelkonzerten deutlich, für die unsere Kirchen ja quasi ein Alleinstellungsmerkmal haben, denn der:die Solo-Künstler:in wirbt allein, plus Gemeinde. Volle Häuser sind da eine Ausnahme. Das gilt allerdings auch für Orgelkonzerte im öffentlichen Raum. Neulich saß ich mit meiner Frau in der Hamburger Leizshalle, mit sechs anderen Besucher:innen in einem wunderbaren Orgelkonzert eines französischen Organisten, und immerhin gibt es dort 2025 fest bestuhlte Plätze. Dass Orgelkonzerte und Orgelmusik landläufig als langweilig, verstaubt und fest in kirchlicher Hand betrachtet werden, ist wiederum für die

---

9   Auch das, in meinen Augen, der Kunst angemessene Konzept des Hauses am Schüberg hat es nicht vor der Schließung bewahrt. Im Jahre 2021 hat der Kirchenkreis Hamburg-Ost das Haus aufgegeben.

evangelische Kirche kein guter Ausweis. Denn die Orgel ist noch immer einer unserer Schätze in der evangelischen Kirche, der aber kaum gehoben wird.

Als Heinrich Heyne den Hamburger Zeitungshändler Hyazinth fragt, was er denn von der katholischen und der protestantischen Kirche halte, antwortet dieser:

> „„Und Sie, Herr Hyazinth, […] sind Sie etwa kein Freund von der katholischen Religion?' ‚Ich bin ein Freund davon, und bin auch wieder kein Freund davon', antwortete jener mit bedenklichem Kopfwiegen. ‚Es ist eine gute Religion für einen vornehmen Baron, der den ganzen Tag müßig gehen kann, und für einen Kunstkenner; aber es ist keine Religion für einen Hamburger […]. Ich sehe das Pläsier nicht ein, es ist eine Religion als wenn der liebe Gott, Gott bewahre, eben gestorben wäre, und es riecht dabei nach Weihrauch, wie bei einem Leichenbegängnis, und dabei brummt eine so traurige Begräbnismusik, daß man die Melancholik bekömmt – ich sage Ihnen, es ist keine Religion für einen Hamburger.' ‚Aber, Herr Hyazinth, wie gefällt Ihnen denn die protestantische Religion?' ‚Die ist mir wieder zu vernünftig, Herr Doktor, und gäbe es in der protestantischen Kirche keine Orgel, so wäre sie gar keine Religion. Unter uns gesagt, diese Religion schadet nichts und ist so rein wie ein Glas Wasser, aber, sie hilft auch nichts. […]'"[10]

Die Suche nach Spiritualität

Wenn ich sage, wir bleiben gerne unter uns, wir bleiben ein closed shop, bezeichnet das gleichzeitig die Suche vieler innerhalb unserer Kirche nach einer Spiritualität, die im herkömmli-

---

10 Heine, Heinrich (1826), Reisebilder, Hamburg.

chen Gemeindeleben oder im Gottesdienst vermisst wird. Menschen, die sich im closed shop nicht wieder finden und sich dann parallel einen eigenen closed shop einrichten. – Dieses Phänomen ist nicht genuin kirchlich. Widerspricht aber häufig der eigenen Selbstwahrnehmung. „Wir wollen doch offen für alle sein". „Alle" ist keine Zielgruppe.

Eine ganz exemplarische Gemeinde ist Kirchengemeinde Hamburg Altona-Ost. Fusioniert aus drei Gemeinden. Die eine Kirche, die Friedenskirche, blieb Gemeindekirche für alles Herkömmliche, für das Normale, für die Parochie. Die Johanneskirche wurde Kulturkirche und hat nach vielen Negativschlagzeilen, Dessus-Modenschau in der Kirche, Nena feierte dort ihren Geburtstag und vieles mehr, den Raum für sechs Tage an eine Kultur-GmbH abgetreten, die nun die Aufgabe hat, mit der Kirche (oder dem Kirchraum) Geld zu verdienen.

Die Christophoruskirche wurde umgebaut zur Kirche der Stille. Dort ist ein Ort entstanden für Meditation und Kontemplation. In ihrem ursprünglichen Selbstverständnis heißt es: „Die Kirche der Stille ist eine evangelische Kirche und knüpft an die Tradition der christlichen Meditation und Kontemplation an. Wir orientieren uns an den Mystiker:innen wie Meister Eckhart, Teresa von Avila, Edith Stein oder Dag Hammarskjöld. Deren unterschiedliche Wege wollen wir wiederentdecken und einüben. Ebenso leitet uns die Tradition des Herzensgebetes und der geistlichen Exerzitien." Das Angebot ist sehr vielfältig. Neben christlichen Traditionen, wie das orthodoxe Herzensgebet, findet man viele östlichen Praktiken, vor allem Zen, Jin Shin Jyutsu, die aus Amerika stammenden Soul Motion, oder auch Techniken aus der Sufi Tradition.

Es wundert nicht, dass bei diesem Angebot die Kirche der Stille sehr umstritten ist und von vielen als esoterisch und sogar unchristlich angefeindet wird. Und tatsächlich: Ein dezidiert evangelisches Profil ist zuweilen nicht so leicht auszumachen.

Wiederum ein Phänomen, das man bundesweit beobachten kann, dass Spiritualität etwas Fremdes haben muss. Das Vertraute hat scheinbar nichts Geheimnisvolles mehr. Gibt es denn keine evangelische Spiritualität? Letztlich muss man sagen, dass sämtliche mystischen Strömungen immer die Auflösung von Religion bedeuten, denn die Mystik bricht jeden religiösen Herrschaftsanspruch. Warum wurden die Mystiker:innen von der katholischen Kirche verfolgt? Meister Eckhart wäre fast auf dem Scheiterhaufen geendet, andere sind es. Die Kabbalisten haben im Judentum einen schweren Stand und die Sufis werden im Islam verfolgt. In Afghanistan und Pakistan sind vor allem Sufi-Gräber, viel häufiger als westliche Botschaften, Ziele von Terrorakten der Taliban. Tausende wurden bis heute zerstört. Die Renaissance der christlichen Mystik, nachdem sie quasi die Verfolgungen des Mittelalters kaum überlebt hat, wird durch den lutherischen Pastor Johann Arndt eingeleitet. Sein Buch vom wahren Christentum und seine Schrift „Das Paradiesgärtlein" begründen eine neue spirituelle evangelische Bewegung, die im Pietismus, vor allem bei Phillip Jakob Spener, ihren Ausdruck findet. Auch Johann Arndt hatte zuweilen (1590) Lehrverbot. Auch wenn Adolf von Harnack der Meinung war, die Mystik wäre das Katholischste überhaupt, sei dunkel und verworren, und habe nichts Evangelisches an sich, so sind es trotzdem evangelische Theolog:innen, die die Spiritualität der Mystik retten und ihr eine Form geben. Doch werden wir in evangelischen Angeboten für spirituelle Fortbildung oder Praxis hier kaum fündig. Auch nicht in der Kirche der Stille.

Ist die Suche nach Spiritualität die Suche nach Religion? Nach dem Fremden, nach dem Mysterium, nach dem Tremendum? Fulbert Steffensky schreibt: „So unterscheidet sich christliche Spiritualität wohl von einigen andern spirituellen Entwürfen. Es ist keine Reise zu sich selbst. Sie ist nicht ungestörte Entweltlichung, sie ist keine Einübung in Leidenschaftslosigkeit, sie ist nicht eine intendierte Selbsterfahrung. Sie ist die Erfahrung der Augen Gottes in den Augen des verlassenen Kindes, sie ist die Entdeckung Christi im Schmerz und im Glück der Menschen."[11]

So ist es doch kein Wunder, dass man in anderen Kulturen und Religionen eine wunderbare Meditationspraxis entwickelt hat, dass man besonders schön singen und beten kann, aber keine andere Religion eine Diakonie herausgearbeitet und in die Welt gestellt hat, wie die evangelische Kirche. Warum kommen Japaner:innen, Koreaner:innen, Inder:innen, Chines:innen nach Deutschland und studieren hier, um dann in Osaka oder Seoul ein diakoniewissenschaftliches Institut aufzubauen? Weil es dort kulturell und religiös so etwas nicht gibt. Behinderte Kinder sind in Asien noch immer eine Schande für die Familie. Warum hat man nach dem Fall des Eisernen Vorhangs in Rumänien in den ersten zehn Jahren über 1000 neue orthodoxe Kirchen gebaut? Gab es denn keine Armen?

Ich halte den Vorwurf, Kirche, Kirchengemeinden zögen sich immer mehr auf ihre vermeintliche Kernkompetenz zurück, im Vergleich zu anderen Ländern und Kulturen als nicht gerechtfertigt. In den evangelischen Gemeinden dominieren nicht die Gottesdienste das Alltagsgeschehen. Es sind nicht die liturgischen Feiern, die das Bild der evangelischen Gemeinden prägen. Und ich befürchte sogar, dass unsere Liturgiker:innen wiederum im Vergleich kein gutes Bild abgeben würden gegen jene, bei denen wirklich Liturgie das kirchliche Handeln bestimmt. Sieben und noch mehrstündige Osterliturgien in den orthodoxen Kirchen, nur als Beispiel – deswegen tun wir es nicht. „Es ist nicht evangelisch".

---

11 Steffensky, Fulbert (2001), Spiritualität und soziales Handeln, in: Hofmann, Beate/Schibilsky, Michael (Hg.), Spiritualität in der Diakonie, Stuttgart, 76.

Sozialkirchen

Seit etwa zehn Jahren wenden sich die City-Kirchen verstärkt dem Thema der sozialen Ungerechtigkeit zu. Man findet in Deutschland mittlerweile ca. 30 Vesperkirchen. Teilweise werden in der kalten Jahreszeit die Kirchen umgebaut, und drei Monate lang finden dort Armenspeisungen, Tafeln statt (z.B. in Mannheim). Mitunter gibt es ein begleitendes Angebot wie medizinische Versorgung, auch tierärztliche Hilfe, Friseur:innen und ähnliches (z.B. in Stuttgart), andere Kirchen haben sich gleich ganz umgebaut, so beispielsweise in Kiel Gaarden, ist der Gottesdienstraum für gemeindliche Gottesdienste nicht mehr zu benutzen. Dafür finden sozial schwache Menschen hier mannigfaltige Hilfe. Auch die traditionellen City-Kirchen (es gibt auch Ausnahmen) wenden sich verstärkt dem Thema Armut, Hunger und sozialer Ungleichheit zu. Natürlich standen diese Themen immer auf der kirchlichen Agenda, aber bei den City-Kirchen, den Symbolkirchen, den Kirchen ohne Gemeinde, *den Erinnern,* war dieses Thema lange nicht präsent. Das war Aufgabe der verfassten Diakonie. „Das machen schon die Dienste und Werke der Kirchenkreise." Diese Sicht hat sich m.E. deutlich geändert und zwar bundesweit. Am deutlichsten wird dies an der Tafelbewegung. 1994 gab es in Deutschland vier Tafeln. Einfache Essensausgabe, nichts Spektakuläres. 2013 wurden 916 Tafeln gezählt. Innerhalb von 20 Jahren das 230-fache Angebot, die meisten in kirchlicher Trägerschaft. Noch einmal Fulbert Steffensky: „So unterscheidet sich christliche Spiritualität wohl von einigen andern spirituellen Entwürfen. Es ist keine Reise zu sich selbst. Sie ist nicht ungestörte Entweltlichung, sie ist keine Einübung in Leidenschaftslosigkeit, sie ist nicht eine intendierte Selbsterfahrung. Sie ist die Erfahrung der Augen Gottes in den Augen des verlassenen Kindes, sie ist die Entdeckung Christi im Schmerz und im Glück der Menschen." Die Suche nach Spiritualität darf nicht im Sitzen und im Sich-selbst-finden aufgehen, sondern muss in die Leidenschaft der diakonischen Tat, der tätigen Liebe münden. Da endete die christliche Mystik nämlich immer, im Dasein für andere, denen es schlechter geht als mir.

Das Ereignis Jesus Christus

Sie haben es vermutlich schon bemerkt. Ich empfinde die absolute Spezialisierung von Kirchen und Gemeinden auf ein Thema als problematisch. Es gab Zeiten, da sollten sich die Gemeinden (in Hamburg so vor 6–7 Jahren) bewusst profilieren. In der Zeit der Leitbildprozesse und Leitsätze, Ende der 90er Jahre, sollten Gemeinden herausstellen, was sie besonders gut machen würden. „Wir sind eine Gospelgemeinde, St. Bonifatius Barmbek Nord." Dadurch gibt man zwar ein Profil vor, schließt aber auch bewusst ab. Kirche für alle sieht anders aus. Wiederum ist es schwierig wirklich Kirche für alle zu sein. Nach einem fünfjährigen Leitbildprozess, dem bekannten Eckernförderprozess, gab sich die Kirchengemeinde Borby-Land den Leitsatz: „Gott ist da, wir auch!" M.E. der Versuch niemanden durch zu viel Profil auszuschließen, quasi inklusiv allen zu ermöglichen Anteil zu haben, zum anderen auch als Ergebnis nach fünf Jahren etwas rührend, wie ich finde. Gott ist da, wir auch.

Ich glaub, die Versuche zu spezialisieren übersehen, dass das Zusammenspiel der unterschiedlichen kirchlichen Felder tatsächlich erst die religiöse Dimension christlicher Existenz in der Welt birgt. Ob in der Stadt oder auf dem Land.

Die diakonische Tat, die helfende und rettende Liebe, ist eine religiöse Handlung mit einer spirituellen Dimension. Denn Christus ereignet sich in dieser Welt, im scheinbar Alltäglichen. Zum Alltäglichen in unserer Gesellschaft gehört, dass Menschen arm sind und Not leiden. Not zu lindern ist kein spirituelles

Erlebnis für Gottessucher:innen, sondern (zum Teil) harte diakonische Arbeit.

Seit langem gibt es Bemühungen in der Diakonie, die spirituelle Dimension der Arbeit neu zu entdecken oder wieder zu beleben. Das ist gleichsam schwierig, da im selben Augenblick die Ökonomisierung der Diakonie immer weiter fortschreitet, sie sich stärker marktwirtschaftlich profilieren möchte (und vielleicht auch muss), und so immer mehr selbst zu einer Marke wird. Auf dem Marktplatz der sozialen Dienstleistungen sind die religiösen Angebote aber samt und sonders Ladenhüter. Außen den Regeln eines gottlosen Marktes folgen und innen eine lebendige Frömmigkeit leben, die zur Arbeit motiviert, ist ein Spagat, bei dem die Gelenke schmerzhaft knacken. Dabei ist es m.E. gerade der religiöse Augenblick, den so viele suchen, der entsteht, wenn Menschen für einander da sind. Wenn etwas Selbstloses geschieht. Ich glaube nicht, dass uns im Armen (quasi als theologisches Naturgesetz) Gott begegnet. Ab welcher Armut wäre das? Der selbsterklärte Arme? Der Harz IV-Empfänger? Die ewig herangezogene alleinerziehende Mutter? Ein Obdachloser oder erst die Armen in den Slums Asiens, Afrikas oder Süd-Amerikas? Nein, ich bin der Meinung Jesus Christus ereignet sich in der dynamischen Begegnung. Jemand bietet sich an, der andere nimmt an und es ist anders als zuvor. Weil *etwas* passiert ist. Die Welt ist nicht mehr wie vorher. Ein religiöser Augenblick. Ich nenne ihn: „Das Ereignis Jesus Christus. Eine kleine Offenbarung"[12]. Offenbarungsgeschehen bleibt verborgen, obwohl es sich in einem Akt der Liebe zwischen zwei Menschen ereignet, tritt es doch nicht unmittelbar zu Tage. „Herr, wann haben wir dich hungrig gesehen und haben dich gespeist? Oder durstig und haben dir zu trinken gegeben? Wann haben wir dich als einen Fremdling gesehen und haben dich beherbergt? Oder nackt und haben dich bekleidet?

---

12   Vgl. Petersen, Nils (2012), „… so wie ich euch geliebt habe", Berlin, 253ff.

Wann haben wir dich krank oder gefangen gesehen und sind zu dir gekommen?" (Mt 25,37ff.).

Erst durch Jesu Deutung wird diakonisches Handeln als religiöse Tat verstehbar. Was man an der erstaunten Reaktion der Gerechten erkennen kann. Aber auch unbemerkt ist sie eben eine religiöse Handlung, die man für Jesus Christus tut. In diesem *Für*, „das habt ihr *für* mich getan", ist das Offenbarungsgeschehen, das Ereignis Jesus Christus verborgen.

Darum bin ich der Meinung, dass Kulturkirchen in ihrem Angebot für diese spirituelle Dimension offen sein müssen. Ein kulturelles Angebot in einer Kirche, das nicht den Alltag transzendiert oder die Möglichkeit bietet, dass ein religiöser Augenblick entsteht, ist eine vertane Chance und profanisiert den Kirchen-Raume. Johann Wolfgang von Goethe hat einmal gesagt: „Wer Wissenschaft und Kunst besitzt, hat auch Religion; wer jene beiden nicht besitzt, der habe Religion"[13] – dieser Satz berührt mich seit langem. Denn wir setzen uns immer mit dem Erbe auseinander, das uns hinterlassen wurde. Der Krieg mit seinen Zerstörungen, die 50er Jahre mit den riesigen Kirchbauprogrammen, die bis in die 60er hineinreichen. Die späten 60er und 70er Jahre mit den Gemeindehäusern und Multifunktionsräumen, die man noch in den 80er Jahren baute, weil die Menschen angeblich keine Kirchen mehr wollen würden.

> „Ja ja, wir 68-er! Als Vorsitzender des Kirchengemeindeverbands Kiel habe ich durchgesetzt: Keine Kirchen mehr, keine Orgel, keine Glocken! Nur noch Gemeindezentren mit Sakralzelle (und Altar auf Rollen!). Kirche für andere, Verantwortung für Gerechtigkeit hier und weltweit – das trieb uns."[14]

---

13 Goethe, Johann Wolfgang von (1827), Gedichte, Zahme Xenien.
14 Adolfsen, Helge (2010), Verschwenderisch – Geizig, in: Christian Bingel/ et. al., Theologie der Stadt. Küchenfestschrift für Wolfgang Grünberg zum 70. Geburtstag, Berlin, 15.

Die 90er Jahre mit den massenhaften Kirchenaustritten und den ersten Rückbauten von Kirchen, Neukonzeptionierungen usw. Und häufig haben die Künstler:innen, die Architekt:innen, die Musiker:innen ein Gefühl für Räume, das wir innerkirchlich oft vermissen. Als St. Katharinen in Hamburg vor kurzem renoviert wurde, gab es aus der Gemeinde heraus alle möglichen Ideen, wie der Raum zu gestalten sei. Was man alles hineinbringen müsste: Farbe, Bilder, ..., der beauftragte Architekt sagte dann: „Als erstes müsste man die Kirche aufräumen. Erst dann würde man sehen, dass die Kirche nämlich gestaltet ist. Sie bedarf nicht mehr, sie bedarf weniger. Erst dann kann man sie sehen und spüren."

In Räumen, in denen ich mich wohl fühle, möchte ich etwas hinterlassen. Vielleicht als Dank an den Raum oder an Gott. Das ist für Kirchen oft ein Desaster, denn der Handarbeitskreis knüpft einen Teppich, die Kinder aus der Kita malen den großen grinsenden Tauffisch, die alte Nachbarin vererbt der Kirche ein großes Ölgemälde u.v.m. Abzulehnen bedeutet die Gefahr zu verletzten. Aber viele Kirchenräume sind vollgestopft wie Kasperbuden und was sich hinter Altären, besonders hinter sehr alten Hochaltären ansammelt, ist mehr als verwunderlich. Das Ansammeln und Vollstopfen gilt nicht nur für allerlei Gegenständliches, es gilt auch für Ideelles. Wenn eine Kirche sich als Kulturkirche in die Stadt öffnen will, dann muss das kulturelle Angebot mindestens den aktuellen Standards genügen, es muss die Möglichkeit eines religiösen Augenblicks bereithalten und man muss die Künstler:innen vernünftig entlohnen – ansonsten bleibt man unter sich und es ist nur eine Pseudoöffnung in die Stadt.

Ein spirituelles Angebot in einer evangelischen Kirche sollte m.E. als evangelisch erkennbar sein. M.E. ist nicht alles in einer Kirche möglich. Es entstehen sonst neue closed shops. Und einer Kirche ohne diakonisches Angebot fehlt ein entscheidendes christliches Moment. Denn die Hinwendung zum Nächsten ist christliche Kultur seit Anbeginn. Im gemeinsamen Weg, die Not zu lindern, erwächst die religiöse Dimension der Kirche, in der sich Jesus Christus ereignet. Und dann gibt es allen Grund herrliche Gottesdienste zu feiern. Die Kirchen in der Stadt, die Citykirchen, müssen sich von der Vorstellung verabschieden, Städte wären säkulare Orte. Harvey Cox hat sich geirrt, als er „Stadt ohne Gott" geschrieben hat. Wir erleben schon eine ganze Zeit die postsäkulare Ära, wie Religion erwacht und sich ihre Orte sucht. Auch in den Kirchen.

Die Kirche in der Stadt muss aufhören, allen Menschen einreden zu wollen, dass die Kirche einen Bedeutungsverlust erlebt und immer mehr an Bedeutung verlieren wird. In Hamburg sah man deutlich, als die „Lampedusa-Flüchtlinge" in der Stadt gestrandet waren, dass sonst niemand als die Kirche spontan handeln konnte. Und dass dies in der öffentlichen Zivil-Gesellschaft überaus positiv wahrgenommen wird. Die Tafeln, die Spendenparlamente, Stadtzeitungen, Kinder-, Behinderten- und Altenhilfe, überall wo Kirche sich nicht um sich selbst dreht, ist sie besser als gut – und wird auch so wahrgenommen. Das gilt übrigens auch für die Prozesse der Aussöhnung und der Erinnerung. Wo Kirchen sich nicht komplett spezialisieren, können sie sich öffnen und wachsen und müssen auch keinen Bedeutungsverlust hinnehmen. Davon bin ich überzeugt.

Es geht immer ums Ganze. Ich danke für Ihre Aufmerksamkeit.

Der Sprecher:innenrat
unvollkommene Leitung mit Spaß und ohne Hierarchie
Eine Selbstbeweihräucherung

Ilka Sobottke

Ilka Sobottke, Christoph
Sigrist und Petra Zimmermann
(Copyright Ilka Sobottke).

Ungefähr zehn Jahre sind wir nun in einem Team zusammen, das auf eigentümliche Weise zusammengewürfelt ist. Wir freuen uns an dem, was gelungen ist. Der Sprecher:innenrat ist das Leitungsgremium der deutschsprachigen CityKirchenKonferenz. Zuständig für Kommunikation, Planung und Organisation, für die Verwaltung der wenigen Mittel. Aber auch dafür, sich gegen die Vereinnahmung durch die EKD oder andere kirchliche Institutionen zu verwahren. Und wir fühlen uns verantwortlich dafür, dem auf der Spur zu sein, was jeweils an den verschiedenen Veranstaltungsorten inhaltlich dran ist.

Das funktioniert ungefähr so: Aus der Schweiz Christoph Sigrist, aus Berlin Petra Zimmermann und aus Mannheim ich, Ilka Sobottke, wir sind als feste Mitglieder diejenigen, die seit zehn bis zwölf Jahren eine Art Geschäftsführung übernehmen. Eine verschickt die Mails, Einladungen und Infos und versucht den Verteiler aktuell zu halten, einer kümmert sich ums Geld – auf einem Schweizer Konto – und um die Bücher und eine ist immer vor allem dann da, wenn es darum geht Kontakte zu Referenten zu nutzen. Zusammen denken wir nach und vor. Gemeinsam sind wir immer wieder damit beschäftigt, für die jeweils nächste Konferenz mit den Verantwortlichen vor Ort auszutüfteln, wie diese Konferenz aussehen kann, Mut machen, nachjustieren. Die Gelder liegen inzwischen in Berlin. Bücher werden von einem Triumvirat herausgegeben. In Berlin rückt Corinna Zisselsberger in der Leitung nach, in der Schweiz Andreas Nufer.

Dies ist also eine Abrechnung. Wir sind wohl langsam am Ende.

Was machte den Sprecher:innenrat in den zehn Jahren von 2012–2022 aus? – Unsere Zusammenarbeit auf Zuruf und aus der Entfernung? Knappste Absprachen? Großes Vertrauen und der unbedingte Wille, uns diese kollegiale Zusammenarbeit nicht nehmen zu lassen. Auf jeden Fall der Mangel an Dünkel und Hierarchie und viel Humor. Wir haben keineswegs alles selbst erfunden. Wir haben ein Erbe übernommen von den großen Übervätern, die alles erdacht und ausprobiert haben in ihren Kirchen. Sie haben sie geöffnet. Sie haben sie wieder als für die Städte relevante Orte erfahrbar gemacht, vom Karneval der Kulturen über Segnungsgottesdienste zu Kulturkirchen; um dann einander huldvoll siezend zusammenzukommen auf den von ihnen erfunden Konferenzen zu theologisieren und die Jüngeren weitestgehend zu übersehen.

Wir haben die Beschreibung Wolfgang Grünbergs übernommen: diese Konferenz ist ein Wanderzirkus. Also ein Sack voll Flöhe, Clowns und Dompteusen. Jongleure die verschiedenstes gleichzeitig kontrollieren und in Bewegung halten. Drahtseiltänzer. Balanceakte. Überaus bewegliche Schlangenmänner. Löwen. Tiger. Zirkusdirektorinnen mit Zylinder. Zirkuspferdchen. Hochfliegende Artistinnen engelsgleich unterm Kirchendach.

Einen Wanderzirkus leiten also – ein Job, der in allererster Linie eins macht: Spaß. Wer will, mag das Inspiration nennen! Spaß ist eh protestantisch verboten. Angesichts der Tatsache, dass es hier weder einen deputatsrelevanten Auftrag, noch Geld, noch irgendeine Entlastung gibt, ist das, meine ich, das wichtigste. Es macht unglaublich viel Spaß mit den sehr besonderen Kolleg:innen der CityKirchenKonferenz einmal im Jahr zusammenzukommen. Zu staunen, zu bewundern, sich inspirieren lassen, in der Luft zerreißen, verwerfen, lästern, sich solidarisieren und sich abgrenzen. Und es macht Spaß mit den Kolleg:innen im Sprecher:innenrat dafür gemeinsam verantwortlich zu sein. Sonst gäbe es diese Konferenz nicht.

Ich möchte das Besondere zweifach beschreiben: einerseits in Haltungen und Zielen, andererseits in Abgrenzungen. Vielleicht wird so deutlich, warum die Konferenz ist, wie sie ist. Und vielleicht wird auch deutlich, warum wir dafür einstehen, dass sie eben genau diese Konferenz ist, zumindest solange wir dafür verantwortlich zeichnen. Und mit all der Gefährdung, der sie immer mal wieder ausgesetzt ist, das wenn die handelnden Personen an ihre Grenzen kommen. Wie 2012, als zwischen Erkrankungen und Überforderung die Konferenz zum zweiten Mal hintereinander auszufallen drohte. Das wäre dann wohl das Ende gewesen. Auch weil in den Jahren zuvor die Idee, zwei Konferenzen in Tagungen zusammenzuführen, eher zu geringerer Beteiligung von Seiten der CitykirchenPfarrer:innen geführt hatte. Da hat allein die klare Entscheidung des damaligen Sprecher:innenrats – der noch nie zusammengearbeitet hatte – und die Unterstützung durch die damals mit CityKirchenarbeit beauftragte Referentin der EKD, Inken Richter Rethwisch, dafür gesorgt, nun doch einfach nach London zu reisen. Alle mussten sich selbst irgendwie anmelden. Petra Zimmermann und Inken Richter-Rethwisch hatten alle Kontakte, die kurzfristig angefragt und koordiniert werden mussten. Dann musste Petra Zimmermann noch kurzfristig wegen Krankheit absagen. So waren wir in London ein verwaistes Häuflein. Wir haben uns zusammengerauft und dann alle aufgesucht, von denen wir ahnten oder wussten, dass sie Ideen und Konzepte weitererzählen konnten.

London war ein Auftakt, inspirierend, beunruhigend, disruptiv im Blick auf Themen und Erfahrungen. Hier haben wir CityKirchenArbeit neu erlebt: Eine Konferenz mit etwa dreißig Personen suchte zwischen Theaterkirche, Kunst, hochkirchlicher Liturgie und diakonischem Engagement eine Kirche im Umbruch auf. Von St Martin in the fields mit der Spannung zwischen kultureller und sozialer Arbeit über Westminster Abbey hin zu unterschiedlichsten Projekten, die sich der Versöhnungsarbeit verschreiben, der Kunst, der Musik, den Geflüchteten, Obdachlosen oder auf die verlorenen Seelen der Manager der Banken eingehen. Außerdem haben wir mit Leitungsmenschen geredet und all deren Defizitbeschreibungen gehört: zu wenig oder zu viel Geld, zu wenig Mitglieder, zu wenig hauptamtlich Mitarbeitende…

Und da ist auch schon die erste relevante Entscheidung für die dann folgenden Jahre:

1.   Grenzen weiten

Es ist uns daran gelegen, CityKirchenArbeit international zu bedenken und erfahrbar zu machen. Manche Entwicklungen sind an anderen Orten einfach schon viel weiter gediehen. Manche Fehler wurden schon gemacht und wären vielleicht bei uns vermeidbar und überall gibt es großartige Leute zu erleben!

So sind wir 2014 nach Rotterdam gereist und haben dort unseren wunderbaren, sehr entspannten und in alle aufregenden Prozesse in seiner Stadt involvierten Kollegen Bert Kuipers besucht. Seine Kirche, die Laurenskerk hat er verkauft, zu Gottesdiensten angemietet und war immer mitten drin im Leben seiner Stadt, da wo es interreligiös, queer und interkulturell wird, vor allem aber da, wo Menschen in Not geraten und ausgegrenzt werden.

International ging es weiter. Zürich ist zwar die Heimat der einen – den anderen aber ist sie Ausland. In jedem Falle die kleinste vorstellbare Weltstadt. Hier haben wir 2017 kontrapunktisch zu Reformationsfeierlichkeiten dem Geld nachgespürt. Dem Ursprung des Geldes. Der Deutung und der Bedeutung.

2018 haben wir die Chance wahrgenommen nach Chicago zu reisen. Durch einen Studienaufenthalt hatte ich viele Kontakte geknüpft und insbesondere black und brown churches wahrgenommen. Politisch engagiert und auf der Seite der Entrechteten. Eindrucksvolle Einblicke mitten in der Trump-Ära. Die tiefe soziale Spaltung der amerikanischen Gesellschaft – ein Vorgeschmack auf das, was auch bei uns sich immer weiter ausprägt. Wahrheiten die unvermittelbar nebeneinanderstehen. Menschen die in ihren jeweiligen bubbles leben. Welten zwischen Armen und Reichen. Gentrifizierungsprozesse. Gewalt. Gefängnis. Und dann zugleich wieder: inspirierte und inspirierende Persönlichkeiten in kleinen und großen mal schlecht und mal gut finanzierten Kirchen genauso wie an der Elite Uni, der University of Chicago.

2. Gestaltungswillen

Bei allen Konferenzen, die wir in diesen Jahren organisieren durften, haben wir immer mit den handelnden Personen vor Ort das Programm gemeinsam reflektiert – darauf, dass es weder zu viel noch zu wenig wird. Aber vor allem in der Grundfrage: Was treibt euch hier an? Wo spiegelt sich in eurem Handeln das wieder, was für euch gerade am wichtigsten ist? Da ging es in Hamburg um Stadtentwicklung und Verkehr. Den Dortmundern ging es um Liturgien und Sprache. Bert in Rotterdam um die Armen. In Frankfurt wird es der Umgang mit dem Wandel der Stadt sein.

3. Humor

CityKirchenpfarrer:innen sind meistens Teamplayer:innen – dennoch sind sie ein Sack Flöhe und empfindsame Hochleistungs-Pferdchen, die die ganze Bühne für sich brauchen. Mit klar geprägten Vorstellungen und hoher Improvisationslust zugleich. Auf der Einladungsliste etwa hundertzwanzig Personen. Immer neu zusammengewürfelt. Manche schon seit dreißig Jahren dabei, andere seit gestern. Die einen leben in digitalen Welten, die anderen werden angesichts von Vereinsamungstendenzen in Pandemiezeiten immer analoger. Es braucht gute Nerven, um allen Bedürfnissen und Vorstellungen gerecht zu werden. Es ist unmöglich. Also braucht es Humor und Biegsamkeit, immer neue schnelle Absprachen, um mit den Differenzen und Unzulänglichkeiten aber auch mit den Ansprüchen zurechtzukommen.

4. Hierarchie

Der Sprecher:innenrat entspricht der Grundstruktur der Konferenz: An den meisten Orten entstehen CityKirchen noch immer, weil es einen Leidensdruck gibt oder weil Kolleg:innen in den Innenstädten in neuer Weise reagieren wollen auf den Sozialraum Stadt, in dem sie sich bewegen. Die Stadt, die Städte und die Rolle der Kirchen in ihr immer neu zu verstehen. Das ist in jeder Stadt anders, dennoch entdecken wir überall Übereinstimmungen. CityKirchen sind Graswurzelbewegungen, die den kirchlichen Rahmen sprengen oder zumindest weiten – darin funktioniert keine Hierarchie. Sprecher:innen sind verantwortlich. Es geht um Koordination. Darum Mittel zu organisieren. Es gibt keine Hierarchie. Es gibt die mit den vielen Erfahrungen und es gibt die mit den neuen Ideen und Kompetenzen.

5. Motivation

Wir arbeiten zusammen, weil wir es wollen. Weil wir diese besondere Arbeit lieben. Weil es uns wichtig ist, voneinander und miteinander zu lernen und gemeinsam uns immer wieder neu auszurichten. 2010 war das Moment, in dem es möglich

wurde eine ganze Konferenz zum Thema Armut und Gerechtigkeit zu machen. Galt doch bis dahin diakonische Arbeit als Konkurrenz zur eher auf Kultur und Kunst ausgerichteten CityKirchenArbeit. Inzwischen gibt es mehrere Konferenzen: eine für
Diakoniekirchen, eine für Kulturkirchen. CityKirchen mäandern
im Dazwischen und verbinden häufig scheinbar Widersprüchli-
ches. Wie werden wir von hier aus weitergehen? Wohin wenden
sich die CiyKirchen? Sie sind immer drei Schritte voraus in der
kirchlichen Arbeit. Es ist unsere Aufgabe zu erspüren, wo sich
die relevanten Weichenstellungen in unseren Städten ergeben.
CityKirchenKonferenzen wollen ein informierter Guide sein in
diesen Fragestellungen. Der Sprecher:innenrat hat die selbstge-
steckte Aufgabe, darauf zu achten, dass die Auswahl der jeweils
nächsten Einladungen so gelingt, dass wir in den entsprechenden Städten dran bleiben, drankommen an die relevantesten
Fragen.

6.   Empowerment

Über Jahre hatten wir die Erfahrung gemacht, dass in den Kirchenkreisen und Landeskirchen und in den Kollegien CityKirchen in erster Linie als unnötig oder als Konkurrenz beschrieben
wurden, und dass, wer CityKirchenArbeit machen wollte, seine
Finanzen auf kreative Weise aufmöbeln musste und von niemandem für diese Arbeit einen Auftrag bekam. Es war also notwendig, eine gewisse Widerständigkeit gegenüber Leitungsgremien,
Synoden und Kollegien zu haben, Eigensinn, Rampensaugehabe
und Eitelkeit und den unbedingten Willen mindestens einmal in
der Woche in der Zeitung zu stehen oder in anderen Medien zu
erscheinen – für all diese Haltungen bedarf es kollegialer Ermutigung. Immer wieder gelingt am Rand der Konferenzen Inter-
vision und immer wieder erleben die besuchten Kirchen vor Ort
die Rückmeldung der Kolleg:innen als freundschaftliche Visi-
tationen, solche die kompetent beraten und – eben – ermutigen.

Abgrenzungen

In den Nullerjahren des Jahrtausends kam die EKD auf einmal auf die CityKirchen. Nun erklärte ‚Kirche der Freiheit' plötzlich, dass CityKirchenArbeit als deutlich wahrnehmbare Leuchtturmarbeit richtig und wichtig sei. Schmeichelhaft. Aber auch eine Gefahr – wer darf denn dann beschreiben, wie ‚richtige' CityKirchenArbeit geht? Wer gewinnt Definitionshoheit und ist CityKirchenarbeit nun etwas, was verordnet werden kann? Stellen wurden eingerichtet, in manchen Landeskirchen eigene Konvente und Beauftragte beauftragt. Immer wieder mal erhalte ich eine Mail, in der mir jemand erklärt, sie oder er wolle mitmachen beim EKD-Konvent der CityKirchenpfarrer:innen.

Was wir nicht sind und auch nicht sein wollen: Dann erkläre ich,

1. Eine Institution der EKD

Die CityKirchen haben sich nicht entwickelt im Auftrag der Institutionen. Sie waren Reaktionen auf die Not vor Ort und dann wiederum Ausdruck explodierender Kreativität.

Wenn jemand nachfragt: „Da gibt es doch diese EKD-CityKirchenKonferenz? Wer ist denn da zuständig und an wen kann ich mich wenden??" Dann gilt es sich abzugrenzen. Denn die CityKirchenKonferenz will eben das nicht sein: eine von den Institutionen der Kirche betriebene Veranstaltung. Nein. Diese Konferenz organisiert sich selbst. Mit so wenig Aufwand wie eben möglich und doch einem hohen Maß an Professionalität und Kompetenz und mit dem absoluten Anspruch etwas weiter zu erzählen von der Begeisterung, die uns aneinander festhalten lässt.

2. für die Ewigkeit

Den handelnden Personen entsprechend bestand der Sprecherrat in der ersten Generation ausschließlich aus Männern, hocheitlen

Einzelkämpfern, die dennoch die Begegnung und den Austausch suchten. In der zweiten Generation sind da viel mehr sich vernetzende Frauen und Männer am Werk. Aber immer war die Idee eines rollierenden Systems: eine Minigruppe von Personen versucht eine gewisse Stabilität zu garantieren und die Dinge zusammenzuhalten. Jede Stadt entsendet eine:n Kolleg:in die zunächst für die darauffolgende Konferenz miteinsteigt in Organisation und Planung. So sollen Flexibilität und Stabilität zugleich gelingen. Und auf diese Weise erhoffen wir uns den Übergang in die dritte Generation, der eben vollzogen wird. Da tun sich neuerlich Veränderungen auf, die dann zu beschreiben sein werden.

Der Sprecher:innenrat der deutschsprachigen CityKirchen-Konferenz ist also eine Bande, die sich zusammengefunden hat, um eins zu ermöglichen: Bühne auf, Manege frei für einen wunderbaren Wanderzirkus! Die Sprecher:innen stehen selten vorne. Zirkusdirektor:innen sind immer die vor Ort. Absprachen eher hinterm Vorhang. Freund:innen. Großer Spaß. Und immer wieder ein bisschen Himmel auf Erden, wenn so eine Konferenz gespickt ist mit Momenten der Inspiration, Herzen angerührt, Verstand geweitet. Wir meinen: ein Job, der sich lohnt. Hoffnungszeichen unserer Kirchen inmitten bunter Städte und grauer Mauern.

Kirche am Nullpunkt der Religion
35 Jahre St. Petri zu Lübeck – ein Rückblick

Bernd Schwarze

Fünfunddreißig Jahre sind einerseits fast gar nichts, bedenkt man, dass St. Petri zu Lübeck, dieses Wunderwerk aus Backstein, schon 1170 erstmals urkundlich erwähnt wurde. Andererseits ist eine neue Wirkungsgeschichte von bald zwei Generationen für eine programmatisch konzipierte, postparochial angelegte Stadtkirchenarbeit eine ganze Menge. Es lässt sich daraus schließen, dass so manches, was uns in Citykirchenkreisen heute in der Theorie und Praxis unseres Wirkens als selbstverständlich erscheint, wahrscheinlich hier zum ersten Mal durchdacht und realisiert wurde. Wobei St. Petri zu Lübeck, die wir inzwischen gern als „Kirche am Nullpunkt der Religion" bezeichnen, wohl in Hinsicht auf die Neuzeitlichkeit des Ansatzes in vielen Aspekten radikaler war als andere profilierte Stadtkirchen an anderen Orten, es bis heute ist und vermutlich bleiben wird.

Wer anlässlich des Untertitels, der mit einer Jubiläumszahl beginnt, eine verlässliche Chronik erwartet, wird leider enttäuscht sein. Denn von wenigen historischen Vorbemerkungen abgesehen, ist dies ein subjektiver Rückblick in Dankbarkeit für das Geschenk eines fantastischen Kirchenraums, an dessen neuer Bespielung ich inzwischen mehr als zwei Jahrzehnte habe mitwirken dürfen. Dankbar bin ich, aber auch ein bisschen zornig darüber, wie begrenzt der nachhaltige Erfolg des Programms kirchenintern rezipiert und zum Anlass für Veränderungen über diesen Ort hinaus wahrgenommen wird. Damit geht die Sorge einher, dass nämlich mit dem wohl unaufhaltsamen Niedergang des kirchlich-institutionellen Lebens hierzulande auch eines der wenigen noch tragfähigen Konzepte seine Daseinsberechtigung bald verlieren könnte.

Geschichte in aller Kürze

Die lange Vorgeschichte, die durchweg bedeutsam ist für alles, was St. Petri heute treibt, kann hier nur in Schlagworten wiedergegeben werden: das mittelalterliche Holzkirchlein auf dem Stadthügel. Der Wille der Kaufleute und Handwerker, Bürgerkirchen zu errichten. Die dreischiffige romanische Halle, die bald einen wuchtigen gotischen Choranbau bekam. Dann die Gotisierung der ganzen Kirche und schließlich die Einverleibung der Kapellenanbauten, wodurch die Halle fünfschiffig wurde, was eine ungewöhnliche Weite des Raumes erzeugte. Der Einzug des Barocks, der mittels Vollmöblierung der ästhetischen Anmutung – entgegen seiner Absicht – nicht wirklich guttat. Das Wirken des Pastors Ludwig Suhl in Zeiten der Aufklärung, der mit der Gründung der „Litterärischen Gesellschaft" eine Bildungsinstitution schuf, die als „Die Gemeinnützige" auch heute noch großartige Arbeit leistet. Die Zeit des Nationalsozialismus, in der die Deutschen Christen in St. Petri ihr Unwesen trieben. Und dann ein „Nullpunkt" für das Gotteshaus, der ein Schlusspunkt hätte werden können.

Nullpunkt: Zerstörung

In der Nacht zum Palmsonntag 1942 fielen Bomben der Alliierten auf Lübeck und setzten St. Petri, St. Marien und den Dom in Brand. Ein Viertel der historischen Altstadt wurde zerstört. St. Petri hatte kein Dach und keinen Turmhelm mehr, und der gesamte Innenraum lag in Schutt und Asche. Vergleichsweise rasch wurden die beiden anderen Kirchen wiederaufgebaut. Die Petrikirche erhielt zwar ein neues Dach und der Turm wurde wiederhergestellt, dennoch blieb der Ort vorerst für Jahrzehnte eine Ruine mit Aussichtsturm und Liftbetrieb. Als weitere Gemeindekirche inmitten der engen Sakralbebauung der Innenstadt wurde St. Petri nicht mehr dringend benötigt. Als was aber stattdessen? Verkehrsbegeisterte Stadtplaner:innen schlugen den Umbau zu einem Parkhaus vor. Kulturenthusiast:innen schwärmten von einem Konzertsaal für die Musikhochschule.

Nullpunkt: erste Ideen

Allmählich mehrten sich die Stimmen für eine neuerliche kirchliche Nutzung. Auf dem Kirchbautag 1979 befürwortete man die Ausschreibung für eine Neugestaltung des Innenraums. Propst Niels Hasselmann und Kirchbaudirektor Friedrich Zimmermann sichteten die Entwürfe und befanden keinen für würdig. Zimmermann selbst nahm sich der Sache an und schuf einen weitgehend leeren Raum, der die architektonische Genialität der Halle betonte und zugleich den Blick auf die Wunden des Krieges freigab. Keine feste Bestuhlung; Prinzipalstücke bewusst als Provisorien eingerichtet. Hasselmann wünschte sich eine Kirche, die ganz anders werden sollte als die anderen. Ob er die Erfolgsgeschichte, die bald folgen sollte, schon zu träumen wagte?

Neustart: Kirche für die ganze Stadt

Nach sieben Jahren Bauzeit war es dann so weit, dass St. Petri im Herbst 1987 wieder in den Dienst genommen werden konnte. Im April 1988 wurde Günter Harig auf eine Pastorenstelle an der benachbarten Marienkirche berufen, verbunden mit der Auflage, sich außerdem um die Geschicke von St. Petri zu kümmern. Was er in beeindruckender Weise tat, unermüdlich, Tag und Nacht. Günter Harig, das war ein seltenes Exemplar unter Theolog:innen, ein ernsthafter, ganz der Aufklärung verpflichteter Denker, nahezu frei von den milieutypischen Sentimentalitäten. Ein Macher und ein Großdenker, der mit seinem pastoralen Handeln sofort die ganze Stadt als Horizont in Anspruch nahm. Politisch bestens informiert und fest davon überzeugt, dass die

Religion nicht in einem Jenseitsreich ihr Zuhause hat, sondern mitten in der Welt.

Günter Harig: ein säkularer Theologe

Wenn Harig von Säkularisierung sprach, meinte er dies stets positiv in jenem Sinne, wonach der menschgewordene Gott sein Werk in irdischer Menschlichkeit und nicht in himmlischer Göttlichkeit versieht. Nicht profan, wohl aber säkular im besten Sinne war das Kirchenbild, dem Günter Harig folgte. St. Petri und St. Marien waren für ihn nicht einfach Mehrzweckräume, in denen irgendetwas irgendwie passieren sollte, denn in ihnen lebte ja seit Jahrhunderten der Hauch eines allmählich in Vergessenheit geratenen Glaubensbewusstseins. Gleichwohl ächtete er jeden rein traditionsgeleiteten Kult samt seinen vermeintlich weltüberlegenen Momenten. (Als er einmal genötigt wurde, zu einem Anlass eine Albe anzuziehen, wirkte er höchst unglücklich verkleidet.)

Der Mensch, die Stadt, die Welt waren stets Ausgangspunkte von Harigs Überlegungen. Von da aus nach den Zusammenhängen, dem größeren Ganzen – in diesem Sinn verstand er „Gott" – zu fragen, war seine Leidenschaft. St. Petri, so sagte er oft, ohne explizit auf Paul Tillich zu verweisen, sei ein Ort für Grenzgängereien, für Grenzerfahrungen zwischen Religion, Kunst und Gesellschaft. Dass St. Petri keine Parochie mehr hatte, erwies sich dabei als günstig, weil sich von Anfang an sehr viele Grenzgänger:innen in religiösen Fragen als Zielgruppe verstanden, denen die anderen Innenstadtkirchen einfach zu „churchy" waren. Harigs Versuche, St. Marien ähnlich, wenngleich mit einem etwas anderen Profil zu positionieren, waren aufgrund des Widerstands der Gemeinde nur in Maßen von Erfolg gekrönt. Die Zwistigkeiten in der alten Ratskirche brachten selbst diesen stets klug und besonnen argumentierenden Streiter oft genug an den Rand der Verzweiflung.

Kultur, Politik, stadtkirchliche Profilierung – und neue Verbündete

St. Petri aber startete durch und wurde binnen kürzester Zeit zu einer angesagten Adresse in Lübeck und Umgebung. Künstler:innen waren begeistert vom großen, leeren Raum. Bald gaben sich Größen wie Arnulf Rainer, Hermann Nitsch, Günter Uecker oder Kiki Smith die Ehre, und St. Petri zu Lübeck machte als Kunstkirche St. Peter in Köln allmählich ernstzunehmende Konkurrenz. Bundespolitiker:innen, Intellektuelle und Literat:innen der ersten Garde ließen sich gern einladen, um hier Themen von aktueller Relevanz zu diskutieren. Große Stadtprojekte initiierte Harig gemeinsam mit städtischen Institutionen und freien Initiativen, unterstützt von einem Kuratorium von klugen Menschen, die nicht aufgrund der Kirchentreue, sondern wegen ihrer Kompetenz berufen worden waren.

Schon in den ersten Jahren suchte und fand man auch überregional Kontakt zu Gleichgesinnten, die in Bezug auf das Konzept zwar meist nicht ähnlich radikal agierten, denen aber die Aufgabe, in einer säkularen Stadt kirchlich-öffentliche Arbeit zu leisten, vertraut war. Die aufkeimenden Beziehungen, etwa mit Hamburg, Hannover, Nürnberg, Basel, Zürich und Dortmund, bildeten die Grundlage für die Arbeit der CityKirchenKonferenz.

Günter Harig wurde indessen nicht einfach zum Kulturmanager und Stadtaktivisten. Er blieb stets Theologe und scheute die Kommentierung der philosophisch-theologischen Dimensionen seiner Projekte nicht. Was dem vielbeschäftigten Pastor jedoch für lange Zeit keine Ruhe ließ: Er wünschte sich ein besonderes gottesdienstliches Format, welches die Eigenheiten von St. Petri betonen und mit den Sonntagsgottesdiensten der anderen nicht verwechselt werden sollte. Einige Versuche wurden gestartet, aber mangels durchschlagenden Erfolgs auch wieder beendet.

Unterstützung – und mögliche Nachfolge?

Gemeinsam mit Propst Hasselmann, der dem St. Petri Kuratorium bis zur Pensionierung als Vorsitzender treu blieb, setzte
sich Harig 1998 erfolgreich für eine zum Teil privat finanzierte
Projektstelle ein. Das Projekt St. Petri war inzwischen derart
gewachsen, viele Ideen und Anfragen konnten kaum noch bearbeitet werden, so dass eine kollegiale pastorale Unterstützung
dringend benötigt wurde. Vielleicht auch – wovon jedoch offen
noch nicht die Rede war – schon eine geeignete Person, die
Harig eines Tages beerben könnte. Man begab sich auf die Suche
nach jemandem mit möglichst guter akademischer Qualifikation,
Erfahrung im Veranstaltungswesen und einem Händchen für die
schönen Künste. Und man fand jemanden, der nach einer langen
Tätigkeit an der Universität Hamburg und praktischen Erfahrungen an der Evangelischen Akademie, beim Kirchentag und im
freien Musik- und Theaterschaffen gerade sein spätes Vikariat in
Timmendorfer Strand absolviert hatte: ... mich.

Harig und Schwarze

Nach meinem bislang ohnehin schon subjektiv gefärbten Bericht
über die Anfänge, der sich aus Hörensagen und Angelesenem
speist, wird es nun ganz persönlich. Es wäre albern, die inzwischen fast fünfundzwanzig Jahre meines zunächst mitwirkenden
und dann leitenden Amtes aus einer anderen als der Ich-Pers-
pektive zu erzählen. Eigentlich hatte ich an meiner Hochschul-
karriere weiterarbeiten wollen oder vielleicht eines Tages eine
Akademie leiten. Als jedoch das Angebot kam, ein Teil des
ruhmreichen Lübecker Projekts werden zu dürfen, konnte ich
nicht nein sagen.

Nicht, dass der Einstieg leicht gewesen wäre. Meine erste
Begegnung hatte ich mit dem Küster, der mich kühl und von
oben herab begrüßte, weil er mich zunächst für einen Straftä-
ter hielt, der Sozialstunden ableisten sollte. Das Team war alles

andere als begeistert, einen zweiten Chef akzeptieren zu sollen. Günter Harig erlebte ich als einen unterkühlten Radikal-Rationalisten, der seine Autorität ungern hinterfragen ließ; er dagegen sah in mir einen mystifizierenden Traditionalisten, der noch nicht viel von der Welt und dem Elend der Kirche gesehen hatte. Wir irrten beide, und es dauerte eine ganze Weile, bis wir die Stärken und Schwächen des jeweils anderen einordnen und das Projekt zusammen steuern konnten. (Nach sieben Arbeitsjahren, in denen wir mehr Zeit miteinander als mit unseren Familien verbracht hatten, bot er mir bei seiner Abschiedsfeier das Du an! Und ich offenbarte ihm, dass ich mit zweitem Vornamen Günther heiße.)

Die Neuerfindung des Kultes?

Das Jahr 2000 war prägend für einen gemeinsam neu angeschlagenen Ton. Das Stadt-Licht-Kunstprojekt „Lübecker Woche der Engel", das zunächst nicht mehr als ein Fachsymposium über „Raum und Ritual" hatte werden sollen, wurde durch die Einbindung des Hamburger Szenografen Michael Batz zu einem theatralisch-liturgischen Stadtereignis, über welches bundesweit und sogar in einigen internationalen Medien berichtet wurde. Im selben Jahr glückte uns mit Hilfe von Fachleuten aus verschiedenen Bereichen des Kulturschaffens die Erfindung der „Petrivisionen". Schon zur ersten dieser samstagsnächtlichen Performances kamen rund vierhundert Besucher:innen und erlebten Statements und Szenen, Tanz und Musik verschiedenster Zeiten und Genres in einer großen Bewegung durch den Kirchenraum. Bis heute – von wenigen Durststrecken zwischendurch einmal abgesehen – lädt St. Petri zehnmal in jedem Jahr am Sonnabend, um 23 Uhr, zu diesen Themennächten ein, in denen Weltliches und Geistliches miteinander konfrontiert oder auch verwoben werden. Harigs Traum von einem speziellen St. Petri-Gottesdienst hat sich damit erfüllt, auch wenn er, genau wie ich, nicht Gottesdienst dazu gesagt hat, weil wir die Menschen ja gewinnen und nicht abschrecken wollten.

Wissenschaft als neuer Impuls

Seit 2004 ist St. Petri zu Lübeck Universitätskirche, hat damit in Sachen Wissenschaft und Bildung deutlich an Profil gewonnen. Die Universität und die Technische Hochschule begrüßen ihre Erstsemesterstudis im Kirchenraum und feiern einige Jahre danach deren bestandene Examina. Die Zusammenarbeit mit der benachbarten Musikhochschule war von Anfang an sehr eng. Die Studierenden lieben diesen Ort. St. Petri ist inzwischen auch Gastraum für Welcome-Abende bei Forschungskongressen und veranstaltet Science Slams und interakademische Ringvorlesungen für die interessierte Öffentlichkeit. Eine dezent-geistliche Begrüßung, welche die Nicht- und Andersgläubigen weder brüskiert noch vereinnahmt, ist dabei Standard und wird von den Kooperationspartnern ausdrücklich gewünscht. Besonders interessant wird es immer, wenn Wissenschaft, Kunst und Religion einander begegnen.

Die Konferenz 2005 – Ensemblearbeit und Harigs Vermächtnis

Im Jahr 2005 war Lübeck Gastgeberin der CityKirchenKonferenz. Als Themenschwerpunkt hatte ich ein Herzensthema ausgewählt, mit dem Günter Harig, der gerade aus dem Dienst ausgeschieden war, mich angesteckt hatte: Ensemblearbeit. Es galt der Frage nachzugehen, ob eine zukunftsfähige Citykirchenarbeit nicht alles daransetzen müsste, in enger Abstimmung unter den Gotteshäusern einer Stadt, eine theologisch und kulturell differenzierte und zielgruppenorientierte Programmatik gemeinsam anzubieten. Auch wenn wir Lübecker Kirchenleute bei unseren Konferenzgästen mittels einer geschickten Inszenierung den Eindruck erwecken konnten, wir wären da auf einem guten

Weg, ist dies ein Traum geblieben. Aus dem Ensemble wurde bestenfalls eine Notgemeinschaft.

Auf der Lübecker Konferenz hielt Harig seine Abschiedsrede an die Citykirchen-Community, die einem Vermächtnis gleichkam: prägnant, radikal, reflektiert und zukünftige Herausforderungen antizipierend. Unter anderem vermerkte er, dass die traditionellen Sonntagsgottesdienste bald der Vergangenheit angehören würden. Es hat ihn und auch mich getroffen, dass er von vielen stadtkirchenerfahrenen Tagungsgästen dafür belächelt wurde. Jemand kommentierte, damit würde er nun wirklich das Kind mit dem Bade ausschütten.

Nullpunkt: Kult-Labor

Ich denke, dies war der Moment für eine neue Schwerpunktsetzung der Arbeit von St. Petri, die ich in den folgenden Jahren bis heute gemeinsam mit Fachleuten aus Musik, Kunst, Theater und Architektur in kleinen Schritten auf den Weg gebracht habe: experimentelle Liturgie; der Raum als „Kult-Labor". Und es war wohl irgendwann, als wir in einem Kreis von Kreativen einmal wieder mitten im Raum eine theologisch relevante Frage so bedachten, als stellten wir sie uns zum allerersten Mal, dass mir die Überschrift „Kirche am Nullpunkt der Religion" in den Sinn kam. Denn ich merke es an mir selbst, aber mehr noch an den Haltungen derer, mit denen ich zusammenarbeite, dass kein Verkündigungsmodell mehr funktionieren kann, in dem man Tradition und Situation einfach miteinander verspricht. Das Erbe ist verprasst, und für die wenigen verbliebenen Zinnbecher der Ahnen interessiert sich kaum noch jemand. Einzusehen, dass man am „Nullpunkt" angekommen ist, bietet immerhin die Chance zu einem Neuanfang.

Nein, den Stein der Weisen habe ich nicht gefunden. Aber immerhin ein paar nicht ganz doofe Kiesel. Zum Beispiel „Solo Verbo", das radikale Gegenformat zu den leuchtend-spielerischen Petrivisionen. Nur Worte, nur Hören, somit auch klanglich nur Vokalmusik. Selbst das Wenige an sichtbarer Sakralität im Raum wird mit Tüchern verhüllt. Jedes Mal gibt es eine ernsthaft-kritische religionsphilosophische Rede, die unter anderem das Spiel mit den Worten pflegt. Läuft ganz gut seit einigen Jahren.

Ein Abend über …

Ein Arzt und eine Psychologin kamen auf mich zu und fragten, ob wir zusammen etwas zum Thema „Schmerz" veranstalten könnten. Haben wir dann gemacht, ohne viel Wind, am Karfreitag 2013. Ja, das Kreuz war irgendwie präsent an diesem Abend. Aber auch die Physiologie, die Anästhesie, der Seelenschmerz der Depression, die bildende Kunst und eine ganz weltliche Musik. Und die Idee zu einem offenen, wiederkehrenden Format namens „Ein Abend über …" war geboren. In einer Pfingstnacht haben wir mit Experten für Neurologie und Künstliche Intelligenz einen „Abend über den Geist" gemacht. Der Komponist Franz Danksagmüller ließ aus Atem-, Herzschlag- und Hirnstrom-Impulsen eines Probanden geistvolle Livemusik entstehen. Am Vorabend zu einem Ewigkeitssonntag inszenierten wir ein eigens komponiertes Requiem zu Texten von Wolfgang Herrndorf als „Abend über das Sterben" und boten Gelegenheiten an, entweder individuell zu trauern oder Gesprächsangebote wahrzunehmen. Weitere „Abende über … den Zweifel … den Himmel …" sollten folgen.

Auf „Supper's Ready. Ein Abend über das Abendmahl" (2017) bin ich immer noch ziemlich stolz. Ein Spiel auf mehreren Ebenen mit Live-Musik, Tanzperformance und Elementen einer etwas anderen Eucharistiefeier, an der 1'500 Menschen teilnehmen wollten, aber leider nicht alle einen Platz bekamen. Das Musikwerk von Genesis, sechs Frauen, die gleichermaßen als Tänzerinnen und Liturginnen fungierten sowie eine immer wieder neue Verschränkung der künstlerischen Formen: ja, das war echt schön! Es geht ganz viel, wenn man sich traut, verrückte, auch mal blasphemische Ideen nicht abzutun. Einfach anfangen. Alles ausprobieren, was nicht im Evangelischen Gottesdienstbuch steht. Letzteres könnte bestenfalls noch nützlich sein für einen „Abend über grauenvoll formulierte Gebete". Falls jemand einen solchen inszenieren möchte: nur zu!

Abschied von Günter Harig

Im Sommer 2017 starb Günter Harig. Auch wenn er sich – schon aus Prinzip aber auch aufgrund einer bald einsetzenden schweren Erkrankung – mit seinem Ausscheiden aus dem Dienst längst weitgehend zurückgezogen hatte, habe ich seinen Tod als einen Einschnitt empfunden. Die große Anteilnahme an seiner Trauerfeier in St. Petri und die vielen Beileidsbekundungen aus der CityKirchenKonferenz haben mir die Größe seines Wirkens und seine Bedeutung für alles, was uns Stadtkirchen-Geistliche bis heute verbindet, eindrücklich aufgezeigt. Seit 2018 verleiht das St. Petri Kuratorium an Menschen, die sich in zupackender Weise für das Gemeinwohl einsetzen, jährlich den Günter-Harig-Preis.

Neue Ansätze – Lernen durch Musik und Kunst

Und jetzt? Wir intensivieren gerade die Zusammenarbeit mit der Musikhochschule. Dort hat man begriffen, dass es nicht nur mit dem Gottesdienst, sondern auch mit der Kirchenmusik wie gehabt nicht mehr lange weitergehen kann. Noch strömen alle zur „Matthäuspassion". Aber wie lange noch? Christenpop mit braven Texten wird mit Sicherheit nicht die Lösung sein. Hier versuchen wir jetzt, vorausschauend den „Nullpunkt" zu erkunden. Immer wieder erstaunt es mich, wie viel ich nach all den Jahren immer noch von der Kunst lernen kann. Nicht nur vom tönenden, sondern auch vom bildenden Schaffen. Wenn dank unserer Kooperation mit dem Lübecker Kunstverein Overbeck-

Gesellschaft und seinem Direktor Oliver Zybok als Kurator der aus dem Iran stammende Künstler Peyman Rahimi ein finsteres Gefängnis installiert und ganz nebenbei die Vorstellungswelten des Zoroastrismus in den Kirchenraum zaubert. Wenn Nschotschi Haslinger Keramiken aufstellt, die gleichzeitig faszinieren und erschrecken. Wenn Jonathan Meese zwei Trucks voller Müll in die Kirchenhalle schüttet … pardon! … Unmengen an scheinbar wertlosem Material zu einer Großinstallation verbaut: selten so viel gelernt und selten so viel gelacht! Und immerhin habe ich beim Meese-Projekt meine erste und bislang einzige Morddrohung bekommen.

Zukunft?

Liest sich alles in allem nach Glück, nicht wahr? Ist dennoch oft zäh und manchmal frustrierend. Denn ob es langfristig weitergehen wird und ob die Qualität gehalten werden kann, ist längst nicht ausgemacht. An strukturellen Veränderungen, die uns finanziell unabhängiger von den Kirchensteuerzuweisungen machen, arbeiten wir gerade mit Nachdruck. Bevor ich in einigen Jahren in den Ruhestand gehe, wäre zudem eine Übergangszeit gemeinsam mit einer Nachfolgerin äußerst wichtig. Ob da eine Landeskirche, die angesichts von Finanzproblemen und Nachwuchsmangel überall auf Fusionen und Stelleneinsparungen dringt, ein Einsehen hat? Ob auf allen kirchlichen Ebenen der Fokus auf „Gemeinde" irgendwann abgelegt wird – wie auch der pastorale Fluch „Gemeindeerwartung" – das selbstverordnete Zwangsinstrument gegen Aufrichtigkeit und Kreativität? Ob es künftig nicht mehr allein die Abgefallenen und Ungläubigen sind, die begreifen, dass Gottesdienst mehr und wahrscheinlich anderes bedeutet, als ein kostümiertes Traditionstheater um das Kyrie und den Aaronitischen Segen herum? Ob sich irgendwann herumspricht, dass sich das Göttliche, wenn überhaupt, dann kaum in den alten Texten, nur manchmal in dafür vorgesehenen

Räumen und ausgesprochen selten zu den festgelegten Zeiten ereignet? Und dass es besonders gern, sei es „dazwischen" oder „daneben", die Gottlosen überrascht.

Den „Nullpunkt" haben wir längst erreicht. Möge er kein Ende, sondern ein Anfang sein.

Die 25. Vesperkirche in Mannheim
Wunder aus Akribie und Mutwillen

Ilka Sobottke

Vesperkirche unter Pandemie-Bedingungen in der Mannheimer CityKirche
Konkordien (Copyright Ilka Sobottke).

Vesperkirche heißt: Kirche auf, Tische decken, alle einladen, die
einer Einladung bedürfen, in deren Leben Mangel ist. Die da
kommen sind Menschen mit Suchtproblemen, Alte, Einsame,
Arbeitslose, Menschen ohne Papiere und Aufenthaltsstatus,
Geflüchtete, Wohnsitzlose, Heruntergekommene und solche,
die mit viel Mühe die Armut verbergen, tief gestürzt oder ein
ganzes Leben schon ganz unten. Menschen mit Behinderun-
gen und psychiatrischen Erkrankungen, Messies, Spieler:innen,
Alkoholiker:innen, Kranke, Analphabet:innen. Eben aus dem
Gefängnis entlassen, abgelehnter Asylbescheid, und all die wor-
king poor, Menschen die arbeiten, aber von ihrer Arbeit nicht
leben können, geschlagen, missbraucht, ausgebeutet, überschul-
det, verzweifelt, hoffnungslos. Vier Wochen lang, jeden Tag, bis
zu sechshundert Gäste am Tag. Bedienen. Zuhören. Helfen.

Mittendrin im Lockdown, während der Oberkirchenrat in Baden die Gemeinden noch alles absagen lässt, dennoch Vesperkirche live und in Farbe zu machen, erfordert Mut und Willen. Nicht nur Essen to go austeilen, sondern wirklich Leute in die Kirche einladen. Mutwillen formuliert sich in Menschen auf unterschiedliche Weise. Nie hätte ich geahnt, dass Akribie Wunder ermöglicht. Aber Anne Ressel ist akribisch und so hat sie in all den schrecklichen Verordnungen und Verbotslisten einen Satz gefunden, der sagt: „Veranstaltungen zur Daseinsfürsorge sind ausgenommen von allen Verordnungen". Tadaaa! Was ist die Vesperkirche anderes als eine „Veranstaltung zur Daseinsfürsorge"? Also erlaubt! Da fängt es an, das Wunder. Mit noch mehr Akribie und einem großen Haufen Mutwillen haben wir sie geplant, die 25. Vesperkirche. In enger Abstimmung und Zusammenarbeit mit dem Gesundheitsamt. Mit einer wilden Bande Ehrenamtlicher, die es sich nicht nehmen lassen will, endlich mal wieder etwas Sinnvolles zu tun. Mit Leuten, die ganz vorne stehen und Kontakt wollen – klar, mit Maske und geimpft und mit anderen, die backstage telefonieren und organisieren, die Brötchen schmieren und Kuchen backen. Hunderte auch in dieser Vesperkirche. Damit das Wunder und die Daseinsfürsorge für so viele Menschen gelingen. Überlebensnotwendig. Für die Seelen und die Körper.

Also: die 25. Vesperkirche, das Jubiläum 2022 – bereits zum zweiten Mal unter Corona-Bedingungen! Es geht um den Widerschein des himmlischen Festsaals auf unserer Erde, für ein paar Wochen zumindest. Deswegen organisieren wir nicht nur ein to-go Angebot. Es gibt Essen zum Mitnehmen – für alle, die sich nicht trauen, und für alle, die weder genesen noch geimpft sind. Aber es gibt auch eine Einladung in die Kirche, vor Ort sich bedienen lassen, so wie wir das seit Jahren machen. Natürlich den Corona-Regelungen der Landesregierung gemäß mit Kontrollen, Masken, Abstand, Lüften und mehr noch: hier müssen sich alle testen lassen, Mitarbeiter:innen, Gäste, Ehrenamtliche, ganz egal wie oft geboostert.

Vor Corona war die Zahl der Gäste bis auf sechshundert Personen täglich angewachsen – am Ende der 25. Vesperkirche geben wir wieder täglich bis zu sechshundert Essen aus. Zwei Drittel to go, ein Drittel in der Kirche. Vesperkirche bedeutet bei uns neben Essen auch medizinische Versorgung, Sozialberatung, Kleiderkammer, Chor, Vermittlung zur Fotografin, Kunst und Empowerment und Seelsorge. Auch bei den Helfenden.

Das Wunder gelingt: Vesperkirche ist eine Umsortierung oder vielmehr Umorientierung von oben und unten, Rand und Mitte, wichtig und unwichtig. Vesperkirche ist in diesem 25. Jubiläumsjahr ein Reflex auf die eigene Erfahrung der Unbehaustheit. Monate haben wir hinter uns, in denen wir keine Gottesdienste in unserer Kirche feiern durften. Auch der erste Coronawinter 2021 war einer mit einer präsentischen Vesperkirche. Allerdings in einer Kirche die ausschließlich und nur als Vesperkirche dienen durfte. Keine Gottesdienste. Keine Veranstaltungen. Keine Gruppen. Kein Chor. Die Gemeinde obdachlos. Die Obdachlosen dürfen rein, die Ehrenamtlichen, die bürgerliche Gemeinde nur, um den Unbehausten Raum zu schaffen. Freiraum, Gastraum. Eine eigentümliche Verdrehung. Viele hatten in den ersten beiden Coronawintern die Empfindung, im eigenen Leben nicht mehr zuhause zu sein. Ist Gott in dieser Welt zuhause? Erinnerungen an den unbehausten Gott werden wach. Vielleicht erwächst das Gefühl für die unbedingte Notwendigkeit der Gastfreundschaft neu in Situationen, in denen Menschen sich unbehaust fühlen. Vielleicht ist es gut, diese Erfahrung, diese Empfindung nicht gleich wieder wegzudrücken, zu verdrängen, sondern mitzunehmen. Dann mag es gelingen, daraus neue Formen der Gastfreundschaft zu entwickeln. Gastfreundschaft, die gefüllt ist mit Empathie, Nachspüren, Mitleiden. Menschen im Orient, in der Wüste, die ersten, die glaubten an den unbehausten Gott, kannten das: unversorgt weite Wege gehen, unterwegs sein ohne Schutz, ungeborgen sein. Uns begegnet das neu in dieser Situation. Das Notwendigste nicht zur Verfügung haben. Es steht zu ahnen, dass in den kommenden Jahren das Phänomen der Unbehaustheit um sich greifen wird, innerlich wie äußerlich. Wohlmöglich entstehen aus diesem Erleben neue Formen der Gemeinschaft zwischen Gästen und Helfenden.

Seit Jahren sprechen wir dazu in den Gottesdiensten dieses Glaubensbekenntnis:

Ich glaube an das Licht in der Finsternis
An Trost in Krankheit
An Linderung im Schmerz
An Nähe in der Einsamkeit
An Klarheit trotz der Sucht
An die Harmonie des Chaos
Dass die Irren Recht haben
Dass die Zartherzigen siegen
Ich glaube an den Aufstand gegen die Verhältnisse
An Versöhnung im Streit
An Gerechtigkeit, die heilt
An Vergebung, die die Vergebenden tröstet
An immer neues Vertrauen
Dass Grenzen fallen
und wir einander neu Heimat finden lassen
Ich glaube an Gottes Anwesenheit, verborgen, unerkannt
in der Ohnmacht mächtig
an innige Gemeinschaft von oben und unten
von denen am Rand und denen an der Macht
die Schwachen in der Mitte
die Kinder auf dem Ehrenplatz
den Stummen das Wort
den Lahmen der Tanz
Ich glaube an das Aufstehn' mitten im Tod
An das Wunder neuen Lebens in dieser Welt
Und an die Herrlichkeit des ewigen Festsaals!
Amen.

Kirche mit den Armen, nicht nur für die Armen, versuchen wir zu sein. Wir meinen, dass die Kirche zu sich selbst findet, wenn sie die Türen öffnet und zeigt, wie sie sein kann. Und wie die Menschen sein können: gut und großzügig und engagiert. Mutwillig Wunder wagen!

So haben mitten im Lockdown 2021 und 2022 täglich etwa fünfzig Ehrenamtliche Essen ausgegeben. Jeden Tag sind es mehr Essen. An den ersten Tagen gibt es Gerüchte und Ängste: „Dieses Jahr dürfen nur die wirklich Obdachlosen rein!", behaupten die einen, vielmehr wünschen sie es sich. Oder auch „Das ist alles verboten, was die da machen". Aber die Fakenews verpuffen angesichts der Wirklichkeit: die Tür ist offen. Es ist dennoch nicht wie immer. Es ist viel mehr Platz und Ruhe. Nur an der Kirchentür eine lange Schlange bei der to-go-Ausgabe. Aber in der Kirche sitzen Leute so wild und verschieden wie immer und begegnen einander über Grenzen hinweg. Sie dürfen einfach da sein und ausruhen und sich sattessen – natürlich, nachdem sie getestet wurden.

Und doch, ein Schmerz bleibt: es darf eben nicht jede:r rein, das Ohne-Ansehen-der-Person findet seine Grenze am Nachweis der Corona-App. Das macht alles anders, denn das ist es, was Vesperkirchen eigentlich ausmacht: dieser eine Ort ist für ALLE offen. Dass das jetzt anders ist, das gilt es auszuhalten und zu versuchen, auch denen gerecht zu werden und in besonderer Weise unterstützend zu begegnen, die draußen in der Schlange stehen bei der to-go Essensausgabe.

Jeden Tag finden wir Leute, die positiv sind ohne Symptome und entscheiden sehr schnell, auch die Ehrenamtlichen alle zu testen. Das erweckt Unmut bei manchen Helfenden. Die Gäste nehmen alles voll Langmut hin. So lang waren viele allein. So viele waren krank. So viele haben jemanden sterben gesehen. Und vor allem: nichts ist so wichtig wie endlich mal wieder einfach irgendwo sein zu dürfen! Luft holen trotz Maske. Sich aufwärmen. Für ein paar Stunden nicht allein mit den Sorgen, für ein paar Wochen Geld sparen. Wärme tanken in Zeiten von social distancing. Social distancing – das kennen und erleben viele der Gäste sowieso seit Jahren. Es sind die, mit denen niemand etwas zu tun haben will. Hier werden sie bedient und umsorgt und beschenkt. Auch die, die sich nicht in die Kirche trauen, die das Essen nur to-go zum Mitnehmen bekommen, außerdem: medizinische Versorgung, Impfung auch ohne Papiere, Beratung, Tierfutter, Klamotten, Schlafsäcke... Und schenken zurück: Vertrauen, Offenheit, Dank und Rosen.

Und dann geschehen Wunder.

2.   Tag, erstes Wunder

Eine Frau bittet um ein Gespräch. Sehr verschämt erzählt sie von der ungewollten Schwangerschaft. Sie hat sie zu spät bemerkt. Viel zu spät. Der Vater will nichts wissen von ihr und dem Kind und fühlt sich nicht zuständig. Auf der ARGE hat sie gefragt, die Mitarbeiterin hat abgelehnt, ihr etwas zukommen zu lassen, obwohl es eine Regelausstattung gibt: Erstausstattung fürs Kind samt Kinderbett etc. Die Kollegin telefoniert und erreicht eine Mitarbeiterin in der Diakonie. Ein Termin wird vereinbart. Die Mitarbeiterin erklärt, dass ein Anruf genügt, damit die junge Frau alles bekommt, worauf sie ein Recht hat. Sie hat viel Redebedarf, weiß nicht, wie sie klarkommen soll. Auch ihren 120,-€(!)-Job wird sie dann wohl verlieren. Eine halbe Stunde später kommt eine Sanitäterin in die Kirche – nur zu Besuch, nur um zu gucken, ob alles klappt. Die erzählt: „Eine Freundin will die Baby-Sachen von ihren Kindern aussortieren. Könnt ihr sowas brauchen?" Eine halbe Stunde früher hätte ich gesagt: „Nein, bring das lieber gleich ins Kinderkaufhaus..." Aber jetzt – „Ja, wunderbar!" Zwei Tage später finden acht Säcke mit Babyklamotten zu uns.

8. Tag: Wieder Wunder

Eine Frau sitzt in der Kirche. Der Kirchendiener macht mich aufmerksam: „Sehen sie die Frau da? Die Kleine mit der Decke um die Schultern. Die wohnt im gleichen Haus wie ich. Aber der Sohn hat sie aus der Wohnung geschmissen. Die schläft bei uns im Keller. Ich bin fast über sie gestolpert und so erschrocken. Können Sie mal mit der reden? Aber nichts sagen, was ich ihnen verraten habe. Ich habe ihr versprochen, dass ich niemandem etwas sage". Er schaut mich eindringlich an. Ich trete an den Tisch: „Ihnen ist kalt, oder? Sie sehen aus, als wenn Sie schon die ganze Nacht frieren. Wo haben Sie denn geschlafen?" Eine zierliche Person, zitternd, schaut ängstlich auf: „Ja, ich war lange draußen" „Und wie ist es dazu gekommen?" „Wenn ich Ihnen das erzählen soll, brauchen Sie mehr als ein paar Minuten" „Natürlich. Gerne", sage ich, hole mir einen Kaffee und setze mich ihr gegenüber. „Ich lebe in einer Ein-Zimmer-Wohnung. Meine Wohnung. Aber ich lebe da mit meinem Sohn". Nach und nach erzählt sie die ganze Geschichte: Der Sohn ist bei ihr eingezogen. Er ist krank. Psychotisch. Bipolar. Außerdem hat er Krebs. Früher war er so schön. Jetzt ist er so mager und ganz krumm. Wie die Mutter selbst, denke ich. Er ist so schwach, erklärt sie, er kann sich nicht selbst versorgen. Kochen – ja, aber nicht Wäsche waschen oder putzen. Und wieso sie nun nicht mehr mit ihm dort ist? Er hat sie bedroht. Nicht körperlich. Er hat ihr Angst gemacht. Sie beschimpft. Sie war immer an allem schuld. Sie hat immer alles falsch gemacht. Hat er nach Tee gefragt, hat er danach gebrüllt, er wolle doch Wasser, hat sie ihm das Wasser gebracht, wollte er Tee. Sie schläft bei einer Freundin, aber da kann sie nicht den ganzen Tag bleiben. Die Geschichte vom Keller scheint zu schambesetzt. Sie war seit zwei Wochen nicht in ihrer Wohnung: „Ich will so gerne duschen. Meine sauberen Kleider anziehen." Ob der Sohn wohl noch lebt? Es dauert zwei Tage, dann gehen eine Sozialarbeiterin und ein Anwalt mit der

Frau in ihre Wohnung. Sie zieht erstmal wieder ein. Wie es ausgeht? Wer weiß. Aber zumindest hat eine wieder die Idee, dass es auch für sie Hilfe gibt.

4. Tag: Hier schon

Manchmal kann man echt den Glauben verlieren. Vielen Gästen unserer Vesperkirche geht das so. Ihr Leben eine Abfolge von Armut und Demütigungen, Krankheit und Gewalt und dem immer neuen Versuch, irgendwie klarzukommen. Umso mehr beeindrucken diejenigen, die sich in alledem einen geraden Blick bewahren, Witz, Mut und auch Wut. Wie dieser Mann. Mit seinem freundlichen, rosig runden Gesicht nimmt er an einem Tisch Platz. Er erzählt mir amüsiert von seiner Kommunikation mit einer Ehrenamtlichen, die ein paar Worte russisch spricht. Er schimpft gerne vor sich hin und sie hat das verstanden. Ihre Schulfreundin hat ihr russische Schimpfwörter beigebracht. Jetzt fängt er wieder an zu schimpfen. Vor Jahren ist er nach Deutschland gekommen mit seiner Mutter aus Kasachstan. Er hat viel und schwer gearbeitet: „Arbeit macht krank. Alles Rassisten. Stress, lauter böse Worte!" Dann ist die Mutter krank geworden und er später auch. Er war in der Psychiatrie – und hat es gehasst. „Die wollen dass du gefügig bist. Du sollst ruhig sein. Die quetschen erst deinen Verstand aus, dann deine Seele. Da hab ich den Glauben verloren. Aber mich kriegen sie nicht klein." Als er geht, dreht er sich um und ruft: „Gott segne Sie!" „Sie glauben doch gar nicht an Gott", erwidere ich. „Hier schon!", sagt er, grinst und stromert mit seinem Rolli aus der Kirche.

10. Tag – BrotPizzaCroissant-Wunder

Um 13.15 Uhr ist kein Essen mehr da, alles geht dem Ende zu. Keine Scheibe Brot, kein Brötchen, keine Ersatzreservefrikadelle und keine eine Scheibe Fleischkäse mehr – nur noch Salat ohne Sauce. Ich entscheide auf dem Markt nachzuschauen, ob vielleicht der Marktbäcker bereits am Zusammenpacken ist und noch etwas übrig hat – falls nicht stecke ich mir etwas Geld ein, um noch etwas zu kaufen. Vor der Kirche eine große Schlange Leute, die alle auf eine Portion Essen to-go warten. Ich entschuldige mich: „Ich habe gestern zu wenig Essen bestellt, jetzt ist alles alle. Tut mir leid!" Einer antwortet: „Sie machen hier alles super für uns. Vielen Dank!" Ich komme am Markt an. Am Brotstand ein junger, angestellter Verkäufer, den ich nicht kenne und der mit Sicherheit mich nicht kennt. Na gut, dann werde ich eben einfach noch etwas kaufen… Ich stelle mich in die Schlange. Während ich dastehe, biegt ein weißer Lieferwagen auf den Platz ein. Ein Fenster wird heruntergekurbelt. Der Bäcker ruft heraus: „Frau Pfarrerin, wie gut, dass ich Sie sehe. Ihr habt doch wieder Vesperkirche, oder? Wir haben hier noch Reste, die wollte ich Ihnen mitgeben!" Mit drei riesigen Kisten voll Brot, Pizzastücken, feinsten Croissants und anderem Gebäck schickt er seinen Mitarbeiter mit mir zur Kirche. Dort werden sofort alle Leckereien verteilt. Die Wintersonne kommt um die Ecke und wärmt die Wartenden. Alle strahlen.

Tag 21, beseelt

Eine junge Frau, die to-go Essen verteilt, ist aufgewühlt, sie erzählt: „Manche können kaum laufen. Die kommen auf ihre Stöcke gelehnt, mit dem Rollator, gerade die alten Leute. Das rührt mich so, die haben doch gearbeitet und haben ein ganzes Leben hinter sich. Jetzt stehen sie hier in der Schlange, wegen eines warmen Essens! Einer hat gesagt, er hat seit Monaten nichts Warmes gegessen. Und dann mache ich mir Sorgen, ob sie überhaupt auch nur die Tüte mit dem Essen nachhause tragen können. Ein kleiner alter Mann hat mich so angeguckt, so dankbar. Das hat mein Herz berührt. Er wirkte so schwach, so zart. Jetzt bin ich ganz glücklich, dass ich helfen konnte! Ich bin richtig beseelt!"

Alletage – Arbeit am Wunder

Eine Frau kommt fast jeden Tag. Verletzt. Verwirrt. Sie erzählt eine wilde Geschichte. Sie hat zuletzt in Argentinien gelebt. Ist dort hängen geblieben wegen Corona. Aber zuvor hatte sie eine Wohnung in Mannheim. Es braucht Tage und viele Gespräche mit verschiedenen Leuten, bis wir ein Bild zusammen bekommen. Alle versuchen ihr zu helfen. Sie ist krank, Epilepsie. Ihr Gedächtnis funktioniert nicht immer. Sie hatte eine Wohnung mit Möbeln. Sie war weg und weiß nicht, wie lange. Es müssen Jahre gewesen sein. In der Wohnung leben jetzt andere Leute. Sie ist geflüchtet vor einem gewalttätigen Mann und dem nächsten in die Hände geraten. Jetzt ist sie wieder hier gelandet. Sie hat nichts, nur die Kleidung am Leib. Sie hat Kinder, aber keinen Kontakt. Sie spricht schlecht Deutsch. Aber sie hat einen Pass, der ist abgelaufen, dennoch hat sie die deutsche Staatsangehörigkeit. Die auf den Ämtern haben keine Geduld für jemanden mit so vielen Problemen gleichzeitig. Eine Streetworkerin begleitet sie aufs Bürgeramt. Wieso sollte gerade diese Frau kein Recht haben darauf, einen neuen Pass zu bekommen ohne dafür zu zahlen? Für wen sollte die Regelung gelten, dass Menschen in Not ein Recht darauf haben, wenn nicht für sie? Es sind noch lange nicht alle Probleme gelöst am Ende der Vesperkirche. Aber es gibt eine Ansprechpartnerin, die Spanisch kann. Eine Wohnberechtigung für eine Unterkunft für Frauen. Und gültige Papiere. Der Anfang von einem Wunder.

Randnotiz – Rindfleisch mit Meerrettichsauce

Dieses Jahr gab es am Eröffnungstag Rindfleisch mit Meerrettichsauce und Salzkartoffeln. Das stand in der Zeitung. Und schwupp, eine Mail: Da erklärt jemand, dass das nicht geht und dass wir als Kirche ein Vorbild sein müssen. Und dass die Rindfleischproduktion weltweit 15% des CO_2-Ausstoßes verursacht. Das macht mich sauer. Die Gäste der Vesperkirche sind nämlich nicht diejenigen, die mit ihrem Lebensstil einen unmäßigen ökologischen Fußabdruck produzieren. Sie können es sich schlicht nicht leisten. Sie wohnen in kleinsten Wohnungen, Notunterkünften, im Zelt unter der Brücke. Die meisten sind noch nie in ihrem Leben geflogen. Sie haben keine Autos, schon gar keine SUVs, wenn, dann brauchen sie alte Autos auf. Sie fahren mit der Bahn, laufen weite Strecken oder fahren wenn möglich Rad. Viele leben ohne Heizung und ohne Strom. Sie streamen keine Filme oder Musik, haben nicht jedes Jahr das neueste Handy, weder Skifahren noch Shoppingtouren gehören zu ihren Freizeitbeschäftigungen. Urlaub gibt es nicht, wenn dann auf dem Balkon oder den Neckarwiesen. Sie tragen die Kleidung aus der Kleiderkammer auf, die andere nicht wollen oder brauchen. Viele von ihnen essen Fleisch überhaupt nur in der Zeit der Vesperkirche. Um die Klimakatastrophe abzumildern, müssen andere Dinge verändert werden. Wer da mit dem Finger auf ärmere Menschen zeigt und sie verurteilt für EINE Fleischmahlzeit, vergisst: Es müssen nicht die Verzicht lernen, die sowieso schon fast nichts haben, sondern die, denen alles selbstverständlich zur Verfügung steht – und das im Überfluss. Nicht nur bei uns, sondern weltweit.

Jeden Tag Wunder

Einer hebt den Blick. Eine ist voller Fragen. Voller Bitten. Bevor eine fragen kann, bevor einer etwas bitten kann, wieviel Mut, wieviel Kraft braucht es da schon! Hört mir überhaupt jemand zu? Eine alte Frau sieht kaum etwas. Hört sehr schlecht. Jeden Tag am gleichen Platz. Sie fragt nicht, bittet um nichts. Legt nur ihre Marke auf den Tisch. Wartet, isst, bleibt sitzen, bis sie irgendwann nachhause geht. Jeden Tag dankt sie mit gefalteten Händen vor der Brust. Einer, gesenkter Kopf, scheuer Blick, braucht Hilfe, traut sich nicht. Druckst herum. „Ich tät doch Hilfe brauchen, so viel" – fast drei Wochen, bis er das sagen kann. Ein anderer, jeden Tag ein neues Problem. Könnten Sie mir da vielleicht helfen? Ist doch nicht so viel. Der ihm gegenüber lacht und erklärt: „Ich bräucht 50'000, Schulden so viel". Ehrenamtliche erzählen von barsch Fordernden und von unfassbarer Dankbarkeit, von unfreundlichem Vordrängeln, Tricksereien, Ungeduld. Alle Hilfe ist nie genug. Den geraden Blick verlernt. Es ist so schwer zu fordern, was einem zusteht, so schwer dafür einzustehen. Immer wieder Schläge eingesteckt und Demütigungen, Sanktionen, Ausgrenzung.

Die Wohnungen immer teurer. Der Strom unbezahlbar. Mangel an medizinischer Versorgung. Menschen sterben an ihrer Armut, seit Corona umso mehr. Armut ist Gewalt. Ungleichheit und Ungerechtigkeit sind Gewalt. In Deutschland leben inzwischen 13,4 Millionen in Armut, in Mannheim 25% der Kinder, ein Drittel der Alten. Und ein Drittel derer, die arm sind, arbeiten, vor allem Frauen, die putzen, an der Kasse sitzen, pflegen.

Und hören immer noch Sprüche: die müssten nur, die könnten ja. Wir haben uns daran gewöhnt. Es ist eben so, es gibt Arme und Reiche, daran kann man nichts machen. Aber eins ist es nicht: Die Ungerechtigkeit ist nicht gottgegeben. Und sie ist nicht alternativlos. Sie ist durch politische Entscheidungen gemacht. Und genau deswegen kann man etwas daran ändern!

Die Vesperkirche ist ein Aufstand gegen die Ungerechtigkeit und gegen die Gewalt der Armut. In diesem Jubiläums- und Coronajahr mehr als je. Manche lesen die Bibel so, als wolle Gott, dass die einen brav und gefügig ihre Armut und ihre Not akzeptieren und als würden die anderen mit ihrem Reichtum von Gott belohnt für das, was sie geleistet haben. Aber Gott ist weder boshaft noch dumm noch gemein! Gott gebietet: „Es soll gar keine Armen bei dir geben. Und wenn es doch einen Armen gibt, dann mach dein Herz nicht hart! Öffne deine Hand für ihn!" (5. Mose 15)

Milliarden machen nicht glücklich. Milliarden machen offensichtlich gierig und dumm. Armut macht auch nicht glücklich. Armut macht oft krank. Aber miteinander gegen die Armut aufstehen öffnet die Seelen, die Herzen und den Verstand. Da bricht Gottes Reich an, wo einer, dem Gewalt widerfährt, weil er einfach anders ist, zartherziger, empfindsamer, verletzt oder eben nur eine Frau mit einem schlechten Job oder krank, wo eine den Kopf hebt und wieder Vertrauen fasst und Hoffnung gewinnt.

Wir verstehen sie neu, die Worte von Martin Luther King: „Wenn unsere Tage verdunkelt sind und unsere Nächte finsterer als tausend Mitternächte, so wollen wir stets daran denken, dass es in der Welt eine große, segnende Kraft gibt, die Gott heißt. Gott wird Wege aus der Ausweglosigkeit weisen. Gott wird das dunkle Gestern in ein helles Morgen verwandeln."

In den Gottesdiensten beten wir so und so ähnlich:

Gott wir bitten dich für all die Menschen, die mehr Mut zum Aufstehen brauchen als andere. Selbst der hellste Wintermorgen birgt kein Licht. Ihren Mut und ihre Tapferkeit bewundern jeden Tag neu die Engel im Himmel. Einen Engel ihnen allen auf den Weg durch diesen Tag: Einen Engel dem alten Mann, der nichts mehr fühlt, all die Psychopharmaka, das Herz leer, die Seele tot. Einen Engel für die Kinder, die schon wieder zuhause bleiben müssen wegen Quarantäne, zu kleine Wohnung, kein Kontakt, kein Internet. Einen Engel für die Frau, der alles wehtut, die sich seit Jahren streitet, Ordner um Ordner füllt wegen ein paar Euro mehr, weil sie es nicht einsieht und nicht aushält, das Unrecht. Einen Engel für das junge Mädchen, vom Vater missbraucht und von der Mutter verleugnet. Einen Engel für die eifrigen Helfenden und einen für die aufgeregten Hungrigen. Einen Engel für den Schauspieler mit den großen Erinnerungen und einen für die Frau, die alles vergessen will. Einen Engel denen, für die keiner Geduld hat, die Lauten, die Zornigen, die Verzweifelten.

Einen Engel für die, die in diesen kalten Nächten draußen schlafen, für Teresa und Sbiegnev, die Platz suchen in der Tiefgarage.
Einen Engel für alle, die hungern hier bei uns und in Afghanistan. Einen Engel auf den Weg allen, die keine Betten haben zum
Schlafen, kein Dach, das schützt. Allen, die auf der Flucht sind
in Syrien, im Jemen, im Sudan. Engel an jedes Krankenbett und
dorthin, wo eine im Sterben liegt. Applaus im Himmel für Tapferkeit und Mut und für jeden Tag aufstehen und sich dennoch
auf den Weg machen, obwohl das Herz so schwer ist. Applaus
und alle Engel auf den Weg und den Himmel offen – zumindest
heute! Amen.

Dem Wunder leise die Hand hinhalten, so hat das Hilde Domin
einmal gesagt. Sie dachte wohl weder an Mutwillen noch an
Akribie. Dennoch, manchmal gilt es am Wunder zu arbeiten.
Das ist es eigentlich, was bei den Vesperkirchen jedes Jahr
geschieht. Für die vielen Arbeitslosen, Rentner:innen, Wohnsitzlose, ganze Familien, Kranke, Geschlagene, Verzweifelte,
Einsame, Menschen, die jeden Sinn verloren haben. Wie wundervoll, dass Menschen ihr Hoffen und Vertrauen auf Wunder
übersetzen in Brötchenschmieren, Zuhören und Türen öffnen.
Mutwillig Wunder wagen. Sie vertrauen darauf, dass sie etwas
daran tun können: dass Arme satt werden. Frierende gekleidet.
Die draußen schlafen bekommen Schlafsäcke und Isomatten und
Hilfe, damit es anders wird. Kranke – auch die ohne Kranken-
versicherung und Papiere, werden versorgt. Wunden heilen. Einsame plaudern. Traurige finden Trost, Verzweifelte ein offenes
Ohr. Soviel Not schreit nach viel Wunder. Aber das größte Wunder ist: wenn eine den Kopf wieder hebt. Wenn einer sich neu
als Mensch spürt, die eigene Würde. Und wenn sie und er dann
loslaufen und wissen: „Ich habe Rechte", und mit geradem Blick
und erhobenem Haupt für sich einstehen.

Vesperkirchen arbeiten am Wunder. Das größte Wunder ist, wenn eine neue Gemeinschaft entsteht, Gerechtigkeit gelingt und die Armen ihr Recht bekommen – und wenn wir dann doch zuhause sind in unserem Leben und in unserer Kirche!

Zusammen am Wunder arbeiten (Copyright Ilka Sobottke)

Transformationen III: Ausblick

Pop-up-Hochzeits-Festival: Segenshochzeiten für alle

Susann Kachel und Amelie Renz

Pop-up-Hochzeits-Festival in Berlin (Copyright Eva von Schirach)

Was wäre, wenn es ein kirchliches Hochzeitsangebot gäbe, dass tatsächlich zu den Bedürfnissen und Lebenssituationen urbaner Menschen passen würde? Es könnte in vielen Städten das passieren, was sich beim Pop-up-Hochzeitsfestival in Berlin ereignet hat!

I. Love is in the air!

Samstag, 21.5.2022, zur Marktzeit mitten im Schillerkiez in Berlin-Neukölln.

Aus der Kirche, die mitten auf dem Herrfurthplatz thront, kommt ein Hochzeitspaar: sie im weißen Brautkleid, er in

Lederkluft, die Fernsehkameras scharen sich um die beiden, die Braut genießt den Medienrummel. Direkt daneben bei der open-air-Anmeldung unter großen Sonnenschirmen sitzen zwei über 70-Jährige und melden sich für eine spontane Segenshochzeit an. Sie sind seit vier Jahren ein Paar, sie hatte von den Segens-hochzeiten im Radio gehört und ihren Lebenspartner angerufen, um zu fragen, ob er sie direkt heute heiraten möchte. Nun sind die beiden dabei und werden zum Hochzeitsbogen beglei-tet, wo im grünen Gras auf dem Platz rechts neben der Kirche Pfarrer:innen den Hochzeitssegen verschenken. Ein ande-res Paar ist schon freudig aufgeregt – gleich wird es auf dem roten Teppich, der von riesigen Papierblumen gesäumt wird, in die Kirche einziehen und mit einer liebevollen Segenszeremo-nie und ihrem Lieblingssong „Can't help falling in love", der ihnen persönlich zugesungen wird, verheiratet werden. Neben der Kirche im bunt geschmückten Hof unter der alten Rotbuche haucht eine Sängerin, vom E-Piano begleitet, „Make you feel my love" in die zu Tränen gerührten Gesichter eines jungen Paa-res, das ihre fünf Wochen alte Tochter auf dem Arm hält. Die Stimmung ist feierlich, Menschen bleiben stehen oder setzten sich auf die vorbereiteten Stühle, um bei der Zeremonie zuzu-schauen. Eine Rikscha mit den Lettern „Just Married" dekoriert und laut klappernden Dosen hinter sich herziehend fährt derweil ein Hochzeitspaar einmal rund um die Kirche. An aneinander gereihten Biertischen mit weißen Papiertischdecken sitzt eine Hochzeitsgesellschaft, die dreistöckige vegane Hochzeitstorte ist angeschnitten, die Gäste lachen. Mittlerweile scheint wieder die Sonne und es weht eine leise Melodie vom Hochzeitsbogen herüber; glückliche Paare flechten miteinander ihr Segensband und küssen sich nach dem Segen. An den Stehtischen für die vorbereitenden Kurzgespräche unterhalten sich eine Pfarrer:in und ein Paar nicht weit davon, daneben ein Kleiderständer mit Alben, Talaren und Stolen; die Segensbänder, aus denen sich die

Paare drei in ihrer Lieblingsfarbe für das Segensritual aussuchen können, flattern im Baum. Eine kleine Hochzeitsgesellschaft ist auf dem Weg zum Kiez-Weinladen, um ihre Sektcoupons für die „Schillerperle" einzulösen. Auf der Flasche ist die Hochzeitskirche im Schillerkiez abgebildet. Ein anderes Liebespaar reiferen Alters genießt auf den Treppenstufen hinter der Kirche ihr Picknick aus dem Picknickkorb, den sie vorab bei einem Kooperationspartner des Festivals buchen konnten. Ein weiteres Paar Mitte Dreißig mit zwei Kindern kommt gerade vom Blumenstand auf dem Markt zurück, wo sie einen bunten Brautstrauß gekauft haben – sie sind nun bereit für die Anmeldung. Eine Frau mit ihrem Kleinkind ist um die Kirche und auf dem Platz zwischen den Hochzeitsorten als spontane Gästin unterwegs und sagt: „Ich atme all die Liebe ein, die hier zu spüren ist, die Lebendigkeit und die glücklichen Menschen, all das, was ich während der Coronazeit vermisst habe."

It's a little bit magic: überquellende Liebe und fröhliche Menschen begegnen jeder:m, die:der an diesem Tag rund um die Genezarethkirche unterwegs ist. Drei große Banner mit regenbogenfarbener Schrift auf schwarzem Grund unterstreichen leuchtend „Liebe – Love – Liebe", und das Gewusel zeigt eindeutig: es ist nicht nur Markttag, sondern Hochzeits-Pop-up-Festival – hier wird die Liebe gefeiert und gesegnet.

Am Abend geht es weiter: es erschallen Elektrobeats aus der Kirche, die Kirchenfenster leuchten in wechselnden Pinktönen, für sonstige Kirchenveranstaltungen ungewöhnliche Menschen tummeln sich vor der Kirche und tanzen in ihr. Wenn ein Brautpaar aus dem von Kerzen erleuchteten, extra für den Abend eingerichteten Hochzeitszimmer tritt, gibt es Applaus von der tanzenden Menge. Cocktails werden an der vom benachbarten Café organisierten Bar gemixt, DJ und DJane legen House auf, der den Tanzenden in die Beine geht. Es kommen auch jetzt noch Gäste angereist, sogar aus Brandenburg, weil sie in der regionalen Abendschau von der Möglichkeit gehört haben, spontan heiraten zu können. Im Hof unter der Buche leuchten nun Lichterketten und A Capella-Gesang unterstreicht die Liebe eines Paares bei der Zeremonie. Einige Pfarrer:innen sitzen bereits erschöpft und erfüllt draußen auf dem Platz, voller Freude über diesen gelungenen Tag.

II.   Es liegt ja auf der Hand!

Ziel des Hochzeitsfestivals war es, die Lebensrealität der Menschen wahrzunehmen und die Angebote daran zu orientieren. Dabei hilft die Statistik, das wahrzunehmen, was sonst gerne übersehen wird. So ist in Bezug auf Eheschließungen in Berlin ein deutlicher Abwärtstrend zu erkennen: Die Verbreitung der Zivilehe nimmt zugunsten der Zunahme nichtehelicher Lebensgemeinschaften stetig ab.[1] Gerade bei jungen Erwachsenen verliert die Zivilehe stark an Bedeutung. Partnerschaften werden insgesamt instabiler und wechseln öfter. Eine wachsende Zahl von Menschen lebt vorübergehend oder dauerhaft in nichtehelichen Lebensformen. Entsprechend diesem Trend ist auch ein Rückgang von kirchlichen Trauungen festzustellen. Vor 30 Jahren feierten mehr als 200'000 Paare jährlich eine evangelische oder katholische Hochzeit. Im Jahr 2019, vor der Coronapandemie, waren es nicht mal mehr halb so viele. Nämlich noch knapp 80'000. Gleichmäßig verteilt auf beide Konfessionen.[2]

---

1   Vgl. u.a. Anzahl der Eheschließungen in Berlin von 1990-2021, online unter: https://de.statista.com/statistik/daten/studie/589502/umfrage/eheschliessungen-in-berlin/ (zuletzt aufgerufen am 29.04.2022).

2   Vgl. Deutschlandfunk Kultur, Schritt vor den Traualtar. Warum es für Paare so schwer ist, einen Hochzeitspfarrer zu finden. Online unter: https://www.deutschlandfunk.de/hochzeitspfarrer-gesucht-wer-moechte-noch-vor-den-traualtar-dlf-4901ca6b-100.html#:~:text=vor%20den%20Traualtar-,Warum%20es%20f%C3%BCr%20Paare%20so%20schwer%20

Das heißt, der Großteil aller Menschen lebt an dem Kasualange-
bot *Trauung* der evangelischen Kirche vorbei. Die Coronapandemie hat diese Situation verschärft. Es kam zu einem Hochzeits-
stau. Viele haben ihre geplanten Feiern verschoben. Brautpaare
aus drei Jahren konkurrieren um Festsäle, Fotograf:innen, DJs,
Pfarrer:innen und Traurender:innen. Anbieter umwerben Brautpaare rund um die Uhr im Netz: Druckereien für Einladungskar-
ten, Hotels, Blumengeschäfte, Cateringfirmen, Hochzeitsbands.
Kirchengemeinden hingegen sind für Paare häufig nur schwer
sichtbar und erreichbar. Der Pfarrer:innenmangel, zusammen-
gelegte Gemeinden und schwer durchschaubare Anforderungen
machen es nicht gerade einfacher, dass Paare und Kirche zusam-
menfinden.[3]

Aus diesen empirischen Beobachtungen folgten in der Vor-
bereitung zwei Schlussfolgerungen: Zum einen muss das Pop-
up-Hochzeitsfestival ein niedrigschwelliges Angebot sein, das
Paaren nach der Coronapandemie ein kirchliches „all-inklusive-
Paket" bietet, in dem von der Trauung über die Hochzeitsband
bis zum Fotografen alles enthalten ist. Zum anderen muss das
Pop-up-Festival das klassische agendarische Repertoire der
Trauung erweitern, da die Zivilehe heute längst nicht mehr die
einzige Lebensform ist, in der Menschen partnerschaftliche
Beziehungen leben.

Dass in Deutschland nur kirchliche Trauungen anlässlich der
(zivilrechtlichen) Eheschließung vollzogen werden, beruht auf
einer Entscheidung der EKD. 2009 kam es zu einer Verände-
rung des Personenstandsgesetzes, durch die das staatliche Verbot
für kirchliche Trauungen ohne vorausgehende standesamtliche
Trauung aufgehoben wurde. Daraus entstand eine Debatte, ob
es künftig rein kirchlich geschlossene Ehen geben soll, die nicht

---

ist%2C%20einen%20Hochzeitspfarrer%20zu,auch%20kirchlich%20traue-
n%20zu%20lassen, Zugriff: 23.06.2022.

3 Vgl. Ebd.

zugleich Ehen im bürgerlich-rechtlichen Sinne sind. In Übereinstimmung mit der Kirchenkonferenz hat der Rat der EKD zu dieser Frage eine Arbeitsgruppe gebildet und von ihr eine gutachtliche Äußerung erbeten. Die Arbeitsgruppe hielt daran fest, dass es in Deutschland keine rein kirchlichen Eheschließungen geben solle: Der rechtliche Status, in den menschliches Leben eintrete, wenn sich eine Person mit einem:r Partner:in ehelich verbinde, bedürfe klarer und unmissverständlicher rechtlicher Regelungen der öffentlichen Hand.[4] Diese Entscheidung hat ihre nachvollziehbaren Gründe. Für die Arbeit einer Kasualagentur muss es jedoch wichtig sein, nicht allein die rechtliche Gestaltung von Beziehungen in den Blick zu nehmen, sondern die Segnung eines Paares, das sich zu einer auf Dauer angelegten Gemeinschaft zusammentut. Dabei können auch andere partnerschaftliche Lebensformen als die Ehe zum Ort christlich verstandener Gemeinschaft und eines in Liebe und Verantwortung gestalteten Lebens werden. Aus diesem Grund war für das Festival die Ebenbildlichkeit Gottes und die Gottes- und Menschenliebe das theologische Leitmotiv – in bewusster Abgrenzung zu einem normativen biblischen Eheverständnis, nach dem die von Gott gestiftete Ehe zur Schöpfungsordnung dazugehöre.

Die gegenwärtige gesellschaftliche Situation zeigt, wie wichtig es ist, Menschen zu stärken, die verlässliche und verbindliche Beziehungen wagen. Eine in der Berliner Öffentlichkeit häufig zu moderner Liebe und modernen Beziehungsformen zitierte Person ist die israelische Soziologin Eva Illouz. Sie hat moderne Beziehungen untersucht und festgestellt, dass die Liebe zu einer Ware auf dem Markt geworden ist, die über Angebot und Nachfrage reguliert wird. Durch eine Durchrationalisierung von Liebe werde, so Illouz, die Fähigkeit intensiv zu lieben und sich zu bin-

---

4   Vgl. Kirchenamt der EKD, Soll es künftig kirchlich geschlossene Ehen geben, die nicht zugleich Ehen im bürgerlich-rechtlichen Sinne sind? Eine gutachtliche Äußerung, 18.

den, beeinträchtigt.[5] Die praktische Theologin Isolde Karle argumentiert auf der Grundlage von Eva Illouz, dass die Religion in die moderne Liebe die Erkenntnis eintragen kann, dass sie eben „keinen zweckrationalen Charakter"[6] in sich trägt, sondern ihren Sinn von wo anders hernehmen kann. Nämlich als kostbares Geschenk Gottes.[7] Eine Orientierung an einer allumfassenden Definition von Liebe, wie sie im Christentum verankert ist, löst den Liebesbegriff aus einer am Nutzen orientierten Grundhaltung und einer übersteigerten Erwartungshaltung an sich selbst und das Gegenüber. Es muss also aus kirchlicher Perspektive darum gehen, Partner:innen von einem gegenseitigen Druck und Zwang zu entlasten. Die Kirche hat es mit Menschen zu tun, die sich angesichts der großen Vielfalt der Möglichkeiten, Liebe und Sexualität in unserer Gesellschaft zu leben, mühsam zu orientieren versuchen. Jede Bemühung und jeder Versuch von Menschen eine Beziehung und die damit verbundene Verantwortung einzugehen, sind angesichts dieser überindividuellen Dynamiken aus kirchlicher Sicht mit größter Wertschätzung zu begegnen.

Die statistischen Fakten sowie die theologischen und soziologischen Überlegungen zeigen, dass es neue Formen und Liturgien braucht, um das Beziehungsvorhaben von zwei Menschen in seiner ganzen Fragilität zu segnen. Dazu gehört es, (kirchen-) rechtliche Zwänge und Hürden, die mit einer kirchlichen Trauung verbunden sind, abzubauen. Das Pop-up-Hochzeitsfestival hat eine Kontaktfläche geboten, die mit Gottes Segen nicht sparsam umging, sondern ihn an alle verteilte, die sich auf das Wagnis einer Liebesbeziehung einlassen und dabei nach Segen suchen. Wichtig war daher die vorab getroffene Entscheidung,

---

5   Vgl. Illouz, Eva (2012), Warum Liebe weh tut, Berlin, 428.

6   Karle, Isolde (2014), Liebe in der Moderne. Körperlichkeit, Sexualität und Ehe, Gütersloh, 155.

7   Vgl. Karle, Isolde (2014), Sex – Liebe – Leidenschaft. Eine Auseinandersetzung mit Eva Illouz Analyse spätmoderner Beziehungsformen, in: Zeitschrift Evangelische Theologie, 390.

den wesentlichen Inhalt der Liturgie für zivilrechtlich verheiratete und unverheiratete Paare gleich zu gestalten, denn in ihr geht es nicht um den rechtlichen Status, sondern um die Lebensgemeinschaft zweier Menschen vor Gott. Aus diesem Grund wurde der Begriff „*Segenshochzeit*" verwendet. Darin wird deutlich, dass sich das Ritual von einer Trauung im kirchenrechtlichen Sinne abhebt, in seiner theologischen Bedeutung jedoch gleichwertig ist.

III. Was bleibt?!

Mit dem Hochzeits-Festival sollten kirchenaffine verliebte Paare jeden Alters angesprochen werden, die bisher verschiedene Hürden (finanzielle, organisatorische, kirchenrechtliche, biographische etc.) zu einer kirchlichen Hochzeit nicht nehmen wollten oder konnten oder keine klassische zivilrechtliche Ehe eingehen wollen, aber einen kirchlichen Hochzeitssegen für ihre Beziehung wünschen.

Laut der für das Festival von midi durch den Soziologen Daniel Hörsch durchgeführten statistischen Auswertung[8] wurden genau diese Paare auch wirklich so angesprochen, dass sie teilgenommen haben. Insgesamt sind 66% der befragten Paare nicht standesamtlich verheiratet gewesen. Es ließen sich Paare im Alter von knapp über 20 bis über 70 Jahren auf die Segenszeremonien ein. Hierbei machten vor allem die über 30- (24,4%) und über 50-Jährigen (23,2%) gemeinsam fast die Hälfte aller Personen aus. Davon wiederum ist die Gruppe der 50-Jährigen die größte Gruppe (50%) derjenigen, die zuvor standesamtlich verheiratet waren und sich zudem am ehesten (15,6%) als Alternative klassisch kirchlich trauen lassen würden. Im Umkehr-

---

8   midi (Hrsg.), Segenshochzeiten: Heiraten einfach anders!, August 2022: www.mi-di.de.

schluss heißt das, dass die Teilnehmenden aus jüngeren Generationen seltener standesamtlich verheiratet waren und seltener kirchliche Trauungen in Anspruch nehmen. Die größte Gruppe der Befragten (33%) bezeichnete sich als „etwas religiös" (statt "sehr", "kaum" oder „gar nicht" religiös), wobei 61% nicht kirchlich gebunden waren; 28% waren hingegen Kirchenmitglieder. Für die konfessionelle Homophilie der Paare bedeutet dies, dass bei 47% der befragten Paare ein Teil religiös und der andere Teil säkular ist, bei 34% sind beide säkular und bei 12% beide kirchlich.

Bemerkenswert ist außerdem, dass ca. 36% der Paare zwischen 4 und 10 Jahren ein Paar sind und ca. 25% schon (viel) länger als 10 Jahre miteinander durchs Leben gehen. Diese Langfristigkeit der Beziehung und Verantwortungsbereitschaft füreinander wurde in der Feierlichkeit und Ernsthaftigkeit der jeweiligen Segenshochzeiten spürbar. Insgesamt wurde als das Reizvolle der Veranstaltung für die Befragten zuerst das Zwanglose (63,4%) und direkt danach der Segen (56,1%) genannt, gefolgt vom authentischen Ritual für die Liebe (48,8%). Das Konzept ist also aufgegangen: mit den Segenshochzeiten konnte das Segensbüro die Sehnsucht nach einem kirchlichen Segensritual für Liebespaare abseits der konventionellen klassischen Trauung deutlich machen und zugleich mit dem Festival für die Anwesenden stillen.

Zudem ist die Kirche in der medialen Öffentlichkeit Berlins großflächig positiv und mit einer bislang einzigartigen Aktion als lebensrelevant wahrgenommen worden!

IV. Feiert Pop-up-Segenshochzeiten!

Vor allem in urbanen Räumen gibt es einen großen Bedarf an formal und organisatorisch niedrigschwelligen, religiösen Hochzeitsritualen, die zugleich festiven Charakter haben, d.h. ein gemeinschaftliches Erlebnis darstellen. Das hat nicht nur die hohe Anzahl der Paare und Segenshochzeiten an nur einem Tag (alle möglichen 28 Anmelde-Slots waren vergeben und mehr als doppelt so viele Paare ließen sich spontan verheiraten) gezeigt, sondern ebenso das Medieninteresse – sowohl im Vorhinein als auch beim Festival selbst: viele bekannte digitale und Printmagazine der Stadt kündigten das Pop-up-Hochzeitsfestival an, wodurch Kirche in ihrer Lebensrelevanz öffentlichkeitswirksam deutlich wurde. Solche Veranstaltungen und Angebote sind notwendig, damit die Kirche den Kontakt zu vielen Menschen, auch ohne enge Kirchenbindung, knüpfen kann, anstatt sie zu verlieren. Bei Hochzeiten konkret deshalb, weil kirchliche Trauungen derzeit nur möglich sind, wenn mindestens eine Person des Paares Kirchenglied ist und zuvor eine standesamtliche Trauung stattgefunden hat. Wir brauchen neue und in jeder Hinsicht barrierearme Formate, um den Menschen Gottes Segen zu schenken und eine berührende, lebensrelevante Erfahrung mit Kirche auch für kirchenferne Mitglieder sowie religiös-säkulare Paare zu ermöglichen. Unser Fazit: Feiert Pop-up-Segenshochzeiten!

Nochmal anders machen
Berliner Citykirchen

Christina-Maria Bammel

Ich arbeite nicht täglich in einer unserer fünf Citykirchen. Aber sie liegen mir in kirchenleitender Hinsicht sehr am Herzen und ich trage ein Stück mit Verantwortung für sie, weil ich für kirchliches Leben und theologische Grundsatzfragen mit verantwortlich bin. Citykirchen bilden beides ab – theologische Grundsatzfragen und buntes Kirchen-Leben. Wenn ich am Berliner Dom, an der Marienkirche oder an St. Matthäus am Kulturforum vorbei komme, wenn ich hier und da mal mit Augen und Herzen kurz herübergrüße, wenn Zeit ist für Besuch, Andacht oder Gottesdienste an der Gedächtniskirche oder in der Französischen Friedrichstadtkirche, dann sehe ich, wie sie auf ihre so verschiedene Weise der Stadt Bestes zeigen; Berlins beste Ausschnitte, von denen es selbstverständlich noch viel mehr gibt als diese. Es sind dabei nicht nur die Steine und das Ensemble, die sich mit dem Stichwort Citykirche verbinden – es sind, wie an anderen gemeindlichen Orten ja auch, die Menschen, deren Engagement und Leidenschaft für Aufgaben und Aufforderungen, die die oft überfordernde City einem vor die Füße und auf die Seele legt. Diese hoch einsatzbereiten, kreativen Engagierten nehmen aus innerem Antrieb tagtäglich einen höchst komplexen Auftrag an: Alle willkommen heißen und dann die Verunsicherten vergewissern, die Verzweifelten trösten und mit ihnen gemeinsam Ausschau halten nach dem, was heilt, danach fragen, was sinnvoll ist oder ganz offenkundig sinnlos geworden ist. Mit allen, die möchten, das Leben, auch das beginnende und das endende, feiern. Kurzum: erinnern, stärken und nähren, darum geht es – ob es nun die Einsamen, die Reisenden, die Anhaltenden und Ankommenden, die Beweglichen und die Unbeweglichen sind. Gerade in der kraftvollen Gegenbewegung gegen die Stadteinsamkeit ist die Citykirchenarbeit nicht zu unterschätzen. Denn das unfreiwillige Alleinsein unter vielen in der Anonymität der Stadt belastet sehr. Das ist längst nachgewiesen. Es macht Menschen regelrecht krank und kann sogar zu einem schnelleren Tod führen. So Mazda Adli, Facharzt für Psychiatrie und Psychotherapie, der auch von Einsamkeitssterblichkeit spricht, und der Autor ist des Buches „Stress and the City: Warum Städte uns krank machen. Und warum sie trotzdem gut für uns sind." Die Citykirchen sind in einer nicht-idealen Stadt mit nicht-idealen Menschen einer von mehreren Versuchen, dem Stadtstress der Menschen zu begegnen. Ein kostbarer dazu, indem zum Verweilen, Anhalten und zu Stille eingeladen wird.

Erinnern, stärken, nähren – gilt auch für diejenigen, denen nicht mit einer einzelnen Maßnahme geholfen ist, die immer wieder auf den Stufen der Kirche sitzen, durch alle Maschen des sozialen Netzes gefallen, hin und hergeschoben, mit und ohne Sucht- oder anderer Erkrankung. Buchstäblich an den Rand gebracht.

Erinnern, stärken, nähren – gilt auch für alle, die den Ort gemeinsam mit hüten, bewahren, sich in Herz und Seele hineinwachsen lassen, die sich nicht unterkriegen lassen wollen von knappen Mitteln. Die sich nicht einfach abfinden mit den vielleicht auch etwas aufdringlicheren Nöten so mancher Besucher:innen. Die sich auseinandersetzen mit Künstler:innen, welche da mit träumerisch-verwandelnder Kraft in den Raum hinein treten und kreativ werden wollen und können. Durchlässig und empfindsam bleiben für die seelischen Erschütterungen, die mit jedem einzelnen Menschen durch die Kirchentür kommen, daran liegt vielen, die dort ihre arbeitsfreie Zeit oder ihre Arbeitszeit verbringen. Sich immer wieder neu in Frage stellen (lassen) im täglichen Tun und wissen, dass gerade in und vor einer Citykirche kein Tag wie der andere ist, selbst wenn es hier und da Strukturen des Etablierten und Routinierten gibt. Auch vor Citykirchen macht dieses Phänomen nicht halt.

Schmerzhaft war es mir darum zu erleben, dass die nötigen Folgen der Viruseinschränkung die Citykirchen stark getroffen haben und die gemeinsame finanzielle Coronafolgen-Abfederung lediglich eine bescheidene Brücke sein konnte in eine nach wie vor ungewisse wirtschaftliche Zukunft, dass Arbeitsplatzreduktionen dazu gehörten und dass damit auch die seelischen Belastungen zugenommen hatten. Beglückend war es zu erleben, dass die Citykirchenarbeit unter diesen Anforderungen auf neues, herausforderndes Terrain gegangen ist und Energien des Spirituellen freigesetzt wurden. Mein Eindruck ist, dass einmal mehr klarer und ersichtlicher wurde, was es wirklich braucht, wenn Menschen an sichtbaren, geöffneten Orten eintreten mit erwartungsfrohem Herzen. Erstaunlich, wie mehr und mehr Konzentration und Fokus zur kostbaren Währung der Zeit geworden waren. Mit diesem Schatz gilt es gesamtkirchlich achtsam umzugehen. Er ist gefährdet. In meinem persönlichen Einblick erwähne ich aber neben den ideellen Schätzen, der freiwilligen und der bezahlten Akteur:innen, neben dem Gut der noch nicht erschöpfend ausgeloteten Kooperation zwischen den Protagonist:innen der Citykirchen, auch die materiell-monetären Schätze. Doch zunächst ein vorsichtiger Blick über die Schulter zurück:

Woher kommen wir und auf welcher Grundlage arbeiten wir?

Die Citykirchen der Stadt Berlin wurden mittlerweile vor einigen Jahren durch eine Kommission unter der Leitung des

Bischofs von 2009 bis 2019, Dr. M. Dröge, visitiert.[1] Ergebnis war eine Grundlagenverständigung bis hin zu konkreten Verabredungen zur Zusammenarbeit innerhalb der Berliner Citykirchen (Kulturkirche St. Matthäus, Kaiser-Wilhelm-Gedächtniskirche, St. Marienkirche, Französische Friedrichstadtkirche, Berliner Dom). In der Folge der Visitation hat die Landessynode der EKBO ein Gesetz verabschiedet, das den etwas sperrigen Namen „Kirchengesetz zur Erprobung von Rechts- und Finanzierungsstrukturen für die Citykirchenarbeit" trägt.[2] Dort wird der Zweck des Gesetzes gleich mitbestimmt. Er besteht in der Ermöglichung „eigener Regelungen der Citykirchenarbeit in Ergänzung zum kirchlichen Organisations- und Finanzrecht, um den Besonderheiten der Citykirchenarbeit und der Unterschiedlichkeit der einzelnen Standorte gerecht zu werden". Man spürt es dieser Formulierung schon ab: Dem Kirchengesetz ist ein intensives Verhandeln der Frage vorausgegangen, in welcher Weise eine finanzielle Zuweisung an die Citykirchen, etwa aus dem Landeskirchlichen Haushalt, erfolgen soll. Es ist klar: Wir müssen über Geld und Ressourcen reden. Einerseits. Andererseits ist es ein langer Lern- und Anpassungsprozess zu akzeptieren, dass es nicht immer sinnvoll ist, um die immer sparsamer werdenden Mittel des landeskirchlichen Haushalts immer größere Verteilungsbemühungen anzustrengen. So sind in den letzten drei Jahren für alle fünf genannten Kirchen insgesamt etwa zwischen 100'000 und 650'000 Euro jährlich an Bauhilfen zur Verfügung gestellt worden. Weitere Sondermittel bewegten sich für insgesamt alle fünf Kirchen mal zwischen 12'000 und

---

1   https://www.ekbo.de/fileadmin/ekbo/mandant/ekbo.de/1._WIR/02._ Kirchengemeinden/180215_EKBO_Bischofsvisitation_Hauptstadtkirche_ web.pdf, Zugriff: 30.5.2022.

2   Kirchengesetz zur Erprobung von Rechts- und Finanzierungsstrukturen für die Citykirchenarbeit im Sprengel Berlin in der Evangelischen Kirche Berlin-Brandenburg-schlesische Oberlausitz (17. April 2021). https://www. kirchenrecht-ekbo.de/pdf/48313.pdf, Zugriff: 30.5.2022.

84'000 Euro. Projekt- und Innovationsgelder bewegten sich innerhalb von drei Jahren zwischen 60'000 Euro und 100'000 Euro. Anders gesagt: Während seit 2019 etwa 1,4 Millionen Euro landeskirchliche Bauhilfen für die Citykirchen gebraucht wurden, beläuft sich die jährliche Zuweisung für alle fünf Kirchen insgesamt auf etwa 136'000 Euro. Die eingesetzten Projektmittel der insgesamt letzten drei Jahre beliefen sich auf etwa 160'000 Euro. Diese vielleicht etwas mühsame Darlegung macht drei Dinge deutlich: Erstens, landeskirchliche Unterstützung kann nur ein Ermöglichungsweg neben anderen sein, wobei es in einer Landeskirche klar sein sollte, was Citykirchenarbeit insgesamt und in der Basisausstattung kostet und wie sie sich daran beteiligen möchte. Zweitens, die finanzielle Hauptlast tragen die Haushalte der Gemeinden und Kirchenkreise, wobei ich hier nicht erklären muss, dass Gemeinde nicht unbedingt gleich Gemeinde ist. Diese finanziellen Hauptlasten könnten hier nicht im Ansatz aufgeführt werden. Drittens, vorausgesetzt wird unter solchen fordernden Bedingungen gegenwärtig und zukünftig das gemeinsame und konsequent kooperierende Denken und Handeln, hier in unserem konkreten Beispiel – der fünf sehr verschiedenen Citykirchen. Auch in finanzieller Hinsicht. Hier wird sondiert, probiert und in neuen Gewässern navigiert. Das ist erfreulich!

Dennoch: In der aktuellen Situation werden Finanzierungsfragen für die Verantwortlichen in den Citykirchen zu massiven Stress- und Existenzfragen, die sich wiederum auf das Klima der Zusammenarbeit auswirken können, wenn nicht kooperativ und innovativ gegengesteuert wird. Dann fallen Vokabeln wie „am Rande der Insolvenz" oder: „müssen zu machen".

Geht es darum, eine finanzielle Basis für das Nötigste der Citykirchenarbeit nachhaltig anzulegen oder geht es darum, möglichst viel Kraft in die Projektmittelakquise, in die Spender:innengemeinschaft, in das „fund- and friendraising" zu legen – selbstverständlich dann auch mit einer höheren Flexibilität und Risikoaffinität? Klar geht eins nicht ohne das andere.

Immer mehr dringen auch die besonnen-mahnenden Stimmen durch, die sagen, dass wir mit dem Ende des Jahrzehnts vorbereitet sein müssen auf alternative Finanzierungsmöglichkeiten, etwa durch aktuelle Investitionen in Wohn/Miet-Projekte, die dann einen Arbeitsteil der Citykirchen zukünftig finanzieren oder zumindest finanziell stützen könnten. Auf einen möglichst geringen Ressourcenaufwand vorbereitet sein und auf möglichst geringste Verwaltungskosten setzen, am besten mit massiv reduzierten Metastrukturen. Das sind Bilder, die mit Handlung und Umsetzung gefüllt werden müssen. An dieser einen, wenn auch heiklen Finanzfrage zeigt sich, wonach gefahndet wird: nach inspirierenden und lustvollen Lernwegen der Transformationsgestaltung.

Aus Brückenschlägen werden Transformationen

„Gemeinde – was bleibt, was geht?", wurde ich auf der letzten Konferenz gefragt. Citykirchen stehen mitten drin in den Spannungsmomenten der kirchlichen Transformation und sie haben kreative Weisen, dem zu begegnen, stecken mittendrin in den Kursfragen unserer Kirche in einem Krisenjahrzehnt, das zumindest ein solches zu werden scheint. Spannungsmomente können für Frischluftzufuhr sorgen, wenn sie mit einem Geist der Freiheit einziehen. Dauerspannungen können dagegen restlos die Energie aufsaugen und alle Beteiligten ermüden. Wie also durchnavigieren zwischen der Frischluft einerseits und der verlorenen Puste andererseits? Auch Kursfragen stellen sich für die Landeskirche mit den spezifischen regio-lokalen Einzelherausforderungen zwischen Peripherie, Kleinstädten, Landeshauptstadt und Bundeshauptstadt, mit den Covid-Langzeitfolgen, mit der Frage – was bleibt, was geht. Worum es auf jeden Fall geht, sind etwa Notwendigkeiten der allgemeinen Leitungsrevision, der zukünftigen Strategien für eine sich deutlicher zurücknehmende Institution und mehr und in tastenden Schritten sich neu findenden Organisationen. Das alles verbunden mit dem Wissen, zu viel geistige Energie verdampft in institutioneller Selbstschau und Umorganisation, während längst klar ist, dass die Covid-Krise verglichen mit den zu erwartenden Krisenerscheinungen in Folge von Klimawandel, Krieg in Europa, Flucht und Migration nicht mehr als ein bloßes Vorspiel des zu Erwartenden gewesen sein dürfte. Aber es ist längst nicht alles Kontrollverlust oder Stresstest, auch wenn viel davon geredet wird. Sicher ist: Formalvorgaben müssen sich reduzieren, Zugangsbarrieren weiter abgebaut werden, mehr Zeit und andere Ressourcen braucht es jetzt, um Beziehungsstabilität herzustellen oder zu erhalten! Die Strukturen zeichnen sich nicht durch Resilienz aus. Heißt es. Aber die Beziehungen auch nicht, solange sie nicht Kern der gemeinsamen Sache sein dürfen. Investives Arbeiten, das heißt auch Träger:innenkreise aufbauen, wobei es nicht um Ämter und Ehren geht, sondern analog dem neuen bürgerschaftlichen Engagement um ein möglichst hohes Maß an Selbstwirksamkeit und Selbstkompetenz, um Möglichkeiten und Räume, die Belange selbst in die Hand zu nehmen. Das verbindet sich auch mit einem beispielhaften Abschiednehmen von Vergemeinschaftungsformen, die in Metropol-Kontexten nicht gelingen. Das waren mal erste Schritte, die schon längst citykirchlich gegangen wurden. Sie haben sich verflochten mit einer möglichst behutsamen und gut balancierten Kultur des Loslassens. „Exnovation" wird das Loslassen auch genannt. Sinnvoll ist es allemal dort auszusteigen, wo die Energie nicht mehr fließt. Dazu ermutige ich, auch im Citykirchenkonvent, der regelmäßig gemeinsam in der Stadt Berlin arbeitet. Darin werden auch Zielkonflikte angesprochen, wenn auch noch nicht systematisch miteinander kollegial beraten, etwa zum postpandemischen Umgang mit Gottesdiensten, präsentisch oder digital angeboten, zum postpandemischen Umgang mit Gruppen, die erheblich geschrumpft sind, zum postpandemischen Umgang mit hier und da zurückgehenden Teilnahmezahlen, zum Fachkräftemangel mit Blick auf Verwaltung und Führung der Geschäfte.

Herausgeforderte Modellorte

Citykirchen können beherzt Teil der Modellorte für das sein, was wir noch lernen oder einfach nochmal verändert probieren können. Ein Beispiel: Gibt es so etwas wie eine Möglichkeit des Bestimmens von gemeindlicher Vitalität? Wie kann man quantitativ, aber vor allem auch qualitativ Lebendigkeit eines kirchlichen Engagement-Ortes, verbunden mit einer systematischen Erhebung der Bedarfe und der Potenziale des Sozialraums skalieren? Das ist heikel. Diese Fragerichtung ist ernstlich getrieben von der Notwendigkeit, neue Schlüssel der Ressourcenverteilung zu entdecken und die Verteilung überwiegend und grundsätzlich, wenn auch nicht ausschließlich, nach Mitgliederzahl doch in andere Richtungen zu entwickeln – mit anderen Voraussetzungen. Je ernsthafter die Notwendigkeit, desto länger die Prozesswege. Je komplexer der institutionelle Schritt ist, desto mehr droht Entscheidungsfreude ja zu sinken. Ich sehe im Moment für diesen Ablöseprozess von der Mitgliederzahl zur Aufgaben- und Gabenorientierung noch nicht alle nötigen Analyse- und Diagnoseinstrumente auf dem Tisch. Dieser eher noch überschaubare Umbruch wäre aber nicht nur nötig wegen prognostizierter Ressourcenschrumpfung aus Kirchensteuermitteln. Das wäre keine Neuigkeit. Es braucht eine neue Verinnerlichung von Investition, Risikobereitschaft und Mittel-Akquise. Citykirchen sind Modellorte, von denen auch Kampagnen ausgehen können, Impulse, die vielleicht sogar neue Denkrichtungen provozieren. So tragen sie bei zur Standpunktfindung in komplexer werdenden Zeiten. Citykirchen atmen bereits jetzt Internationalität und Inklusivität. Es kann so viel Freude freisetzen, dies zu fördern und zu locken.

Wie von daher neue Modelle von Begegnung, Gespräch und Spiritualität mit Strahl- und Einladungskraft auch in dieser Hinsicht Schule machen können, das interessiert die Kirchenleitung mindestens ebenso wie die inhaltlichen Neuanfänge an den digitalen und nachbarschaftlichen, inklusiv gedachten Erprobungsorten, den sogenannte „Dritten Orten", in unserer Landeskirche.

Wie kommen alle Erprobungsformate, ob finanziell oder inhaltlich, raus aus der Rolle des „Zusatzes" hinein in die ausgesprochen ernste Rolle der systematischen Kundschafter:innen auf neuen Wegen? Erprobung ist überall denkbar, ist nicht allein auf Dritte Orte und Citykirchen begrenzt, dort lastet allerdings ein Erwartungsdruck. Erwartungsdruck verbindet sich auch mit der Vokabel der ambidextrischen, also zweihändigen Kultur, die es braucht: zwei Betriebssysteme, mindestens – und ein wechselseitiges Einverstandensein, keine Konkurrenz zwischen beiden Systemen, aber eine Entscheidung darüber, welches System an welchem Ort passt. Dazwischen steckt selbstverständlich auch die Frage, wie eine dazu passende Kultur vor die bisherigen Strukturen kommt. Das ist insbesondere eine fordernde Leitungsfrage. Und zur Leitungsfreude gehört ein entscheidender Schatz, nämlich eine gemeinsam gelebte Spiritualität mit Phantasie und Scheiterfreundlichkeit, die sich dessen bewusst ist, dass Christ:innen permanent Agent:innen der Verwandlung sind, am besten mit Kompass und Anker in der Hand.

Was kann aus landeskirchlicher Perspektive und Ebene zur Zukunft der Citykirchen beigetragen werden? Sie kann sich in einer gewissen Selbstrücknahme üben, was die Vorgaben und vermeintliche Verfahrensnotwendigkeiten anlangt. Sie kann unterstützen und ermutigen, Vorschläge entwickeln und austauschen für Ressourcenallokationen und Investitionen, aber die landeskirchliche Ebene ist nicht die Innovations„macherin". Sie kann allerdings von langer ausbildender und fortbildender Hand mit Sorge dafür tragen, dass nicht der Einzelne, Leuchtende, nicht das Ego gewinnt, sondern das gemeinsame Interesse, das radikal teamorientierte Arbeiten in gemischtprofessionellen Zusammensetzungen. Ist überall wichtig, und an Citykirchen erst recht.

Citykirche Altona
Kirche in der Stadt neu denken

Unter dem Motto „evangelisch in Altona" hat sich eine Gruppe von Pastor:innen auf den Weg gemacht Citykirchen-Arbeit neu zu denken.

Zweifellos kam es nicht ganz freiwillig zu diesem Impuls. Die prophezeite Zukunft unserer Kirche (der Mitgliederschwund, es scheiden mehr Pastor:innen aus dem Dienst aus als nachrücken, schwindende finanzielle Mittel u.v.m.) hat zu einem Prozess im Kirchenkreis Hamburg-West/Südholstein geführt (der sogenannte Zukunftsprozess), der zeitaktuell in seiner ersten Phase abgeschlossen wird und mit den gewonnenen Erkenntnissen und entstandenen Ideen fortgesetzt werden muss.[1]

Die Stadt (in diesem Falle Altona) aus der Perspektive der Gemeinden als Ort der Citykirchen-Arbeit zu betrachten und zu verstehen, ist eine Gemeinschaftsaufgabe, der sich diese Gruppe von Pastor:innen stellen möchte. Gemeinsam eine neue Perspektive auf die Stadt einnehmen und kirchliche Arbeit neu gestalten.

Die deutsche CityKirchenKonferenz hatte im Jahre 2021 30-jähriges Jubiläum. Durch die CityKirchenKonferenz, so kann man sagen, wird Stadtkirchen-Arbeit seit 30 Jahren wissenschaftlich reflektiert und sich verändernde Stadt-Phänomene beobachtet. Dabei wurde bisher Citykirchen-Arbeit immer von einem liturgisch umbauten Raum, einer Kirche, verstanden. Es gab Kirchen in den deutschen Innenstädten, in denen es nach dem Zweiten Weltkrieg keine lebendige Gemeinde mehr gab. Zum Beispiel die Marktkirche in Hannover, die Nikolaikirche

---

1 Am 11. Juni 2022 tagte eine Themensynode in Hamburg Niendorf zum „Zukunftsprozess".

in Kiel, die Petrikirche in Hamburg oder die Frauenkirche in Dresden. Viele Kirchen waren zerstört oder hatten die angrenzende Wohnbebauung verloren oder beides. Immer war ein Kirchengebäude Ausgangspunkt der Überlegungen, wie kirchliche Arbeit und kirchliches Leben an diesem Ort für die Stadt fruchtbar gemacht werden könnte. So schreibt Michael Göpfert, einer der Väter der City Kirchenkonferenz: „Wenn ich über meine Erfahrungen mit Stadtkirchen, mit Citykirchen nachdenke, fallen mir konkrete Kirchen an verschiedenen Orten ein."[2] Citykirchen-Arbeit bedeutete bisher Stadtkirchen-Arbeit *in* und *um* ein Gebäude herum, das in der Innenstadt liegt.

Die Gruppe von Pastor:innen aus Altona möchte nun, nach 30 Jahren analysierter Stadtkirchen-Arbeit, Citykirche neu denken. Altona ist bis zum 26. Januar 1937 eine selbstständige Stadt gewesen. Mit dem Groß-Hamburg-Gesetz wurde Altona der Stadt Hamburg zugeschlagen und verlor seine Eigenständigkeit. Doch bis heute hat Altona einen eigenen Charakter und ein eigenes Stadtzentrum. Citykirchen-Arbeit im Hamburg bezieht sich bis heute allerdings alleine auf die Hauptkirchen der Hamburger Innenstadt. Dabei fällt auf, dass alle Hauptkirchen im Kirchenkreis Hamburg-Ost zu finden sind.[3] Zwar hat Altona auch noch eine Hauptkirche, die Trinitatiskirche, doch diese wird nicht wie eine Hauptkirche bespielt. Die Pastor:innen an der Trinitatiskirche Altona sind keine Hauptpastor:innen. Die Kirche trägt allein diesen Titel. Citykirchen-Arbeit neu zu denken bedeutet in diesem Fall, kirchliche Arbeit in der Stadt Altona nicht von

---

2 Göpfert, Michael (²2000), Stadtkirche und Citykirche, in: Hamburg als Chance der Kirche, Hamburg, 164.

3 Die Fusion war Teil der Nordelbischen Kirchenreform. Aus 27 Kirchenkreisen in der Nordelbischen Kirche wurden 11 Kirchenkreise. Alle Fusionen traten am 1. Mai 2009 in Kraft. So wurden auch aus den sechs bisherigen Hamburger Kirchenkreisen und dem Kirchenkreis Pinneberg zwei neue Kirchenkreise: Hamburg-Ost (7 Propsteien) und Hamburg-West/Südholstein (3 Propsteien).

einer zentral gelegenen Kirche aus zu verstehen, sondern von der gemeinsamen Arbeit an sich. Ausgangspunkt dieser Überlegungen ist das Selbstverständnis der Pastor:innen, sowie den Gemeinden, dass sie Kirche in Altona sind. Altona hat als Stadtteil von Hamburg bis heute einen eigenen städtischen Charakter, eine eigene City. Der Kirchenkreis Hamburg West-Süd-Holstein wird durch diese neuen Überlegungen einen Perspektivwechsel erleben können, der in Zukunft identitätsstiftend auf die kirchliche Arbeit wirkt:

- starre parochiale Grenzen beginnen zu zerfließen
- pastorale Arbeit wird neu gedacht
- ein überkommenes Berufsbild wird aktualisiert
- Gemeindebilder werden neu gedacht
- neue Kooperationen werden möglich

Citykirche in Altona als Gemeinschaft aller Getauften verstehen und nicht zwangsläufig von einem zentral gelegenen Kirchengebäude aus zu denken, das ist neu. Wie Martin Luther in seiner unvergleichlichen Art sagte: „Wenn ich im Schweinestall ein Vater unser bete, ist dort Kirche." Das gilt auch für Altona.

Um diese gedachte evangelische Freiheit Realität werden zulassen, wird ein zentraler „dritter Raum" benötigt, der keine „parochiale Abhängigkeit" aufweist. Ein Laden[4] im Einkaufszentrum, ein Café in der Fußgängerzone oder in der Hauptstraße. Ein Ort an dem Menschen auf ihrer Reise durch die Stadt, beim Einkaufen, beim Shoppen vorbeikommen; ein Ort, der über die gesamte gemeindliche und diakonische Citykirchen-Arbeit in

---

4   An dieser Stelle sei gesagt, dass es nicht darum gehen soll Ernst Langes Idee einer Ladenkirche aufzuwärmen oder altern Wein in neue Schläuche zu gießen. Der sogenannte *dritte Raum* ist nicht als multifunktionaler Sakralraum gedacht, sondern wird als *open space* oder Work-Space gebraucht, weil die Stadtkirchenarbeit sich ganz bewußt an keine vorhandene Gemeinde andocken möchte.

Altona informiert. Ein Ort, an dem eigene gemeinsame Veranstaltungen stattfinden können; ein Ort, den man auch scheinbar grundlos gerne besucht, weil der Kaffee so gut ist und der Kuchen schmeckt. Ein Ort an dem man über spirituelle und kulturelle Angebote „stolpert" und wo man Beratung findet, wenn die Eltern alt und pflegebedürftig werden.

Gerade im Bereich der Beratung soll ein kirchlich-diakonisches Netzwerk geknüpft werden, aus dem eine wachsende Kooperation in Altona entsteht. Und an diesem Ort treffen sich die Pastor:innen aus Altona. Ein Ort des Austausches auf kurzem Weg; ein Think-Tank für evangelische Ideen; ein Brain-Pool oder Work-Space; ein pastoraler „AndersOrt". Denn Parochien und Berufsbilder nur neu zu denken, reicht letztlich nicht. Man muss auch etwas verändern, wenn es am Ende anders sein soll.

Kirchliche Arbeit in Altona ist Citykirchen-Arbeit, die nicht von einem Gebäude aus gedacht wird, sondern von einer Verheißung: „Es gibt ein Versprechen, bestehend aus umbautem Raum. Dieses Versprechen ist etwa 800 Jahre alt: die Großstadt."[5] Die Großstadt verspricht Freiheit, Kultur, Austausch, Begegnung und Handel. Und natürlich haftet der Stadt auch immer etwas Sündiges an, die Freiheit birgt auch die Verführung. Die Sehnsucht nach dem angeblich unschuldigen Dorf bildet sich häufig in Aussagen ab, dass „unser Stadtteil eigentlich ein Dorf ist." Wer jedoch in seinem Leben eine Zeit auf dem Land gelebt hat, weiß: „In Dörfern fahren keine U-Bahnen." Kirche in der Stadt ist etwas anderes. Der Referenzrahmen ist die Stadt. Die Konkurrenz zum Konzert in der Kirche ist in Hamburg die Elbphilharmonie oder die Leiszhalle. Es geht nicht darum, die Gummibäume Altonas mit denen auf dem Land zu vergleichen. Die Stadt ist der Horizont unserer kirchlichen Arbeit, und auch im Himmel wird uns eine Stadt verheißen. „Die biblische Geschichte, die

---

5 Foucault, Michel (1987), Andere Räume, in: Idee, Prozeß, Ergebnis. Die Reparatur und Rekonstruktion der Stadt, Berlin, 340.

mit dem Garten Eden beginnt und bei einer großen Stadtvision endet, erlaubt es uns nicht, dieses Versprechen einfach abzuschreiben. Eine christliche Religion, die an dem Traum von der messianische Stadt Landschaft festhalten will, kann in keine unschuldigen Gärten zurück flüchten wollen."[6]

Citykirchen-Arbeit in Altona, verstanden als identitätsstiftender kirchlicher Wirkraum, ist ein gänzlich neuer Ansatz, der alte parochiale Grenzen öffnen wird und ein neues Netzwerk knüpft, so dass die Gemeinden im Stadtteil enger zusammenwachsen und Synergien nutzen, um sich für die Zukunft aufzustellen.

Urban churching

„Steh auf, geh in die Stadt - dort wird man dir sagen, was du tun sollst." (Apg 9,6)

Urban churching ist ein Begriff, der seit ein paar Jahren in Diskussionen und Beiträgen zur Stadtkirchenarbeit immer wieder begegnet.[7] Urban churching ist der Anstoß zu einem Perspektivwechsel in der Stadtkirchenarbeit. Matthias Sellmann (Lehrstuhl für Pastoraltheologie Katholisch-Theologische Fakultät Bochum) stellt wiederholt heraus, dass es nicht mehr darum gehen kann, die Stadt auf die Kirche (speziell auf ein besonders Kirchengebäude) zu beziehen, sondern das kirchliche und spirituelle Leben auf die Stadt. Dieser Perspektivwechsel ermöglicht etwas qualitativ Neues, weil das Primärziel nicht mehr ist,

---

6 Göpfert, Michael (1998), Welchen Gott haben wir in die Räume der Stadt geschrieben?, in: Gott in der Stadt, Hamburg, 31.

7 Vgl. Matthias Sellmann (2016a), Vision Citykirchenpastoral, Vortrag auf der Netzwerktagung der Citykirchenprojekte am 18.10.2016 in Dortmund. (www.citykirchenprojekte.de/sites/default/files/10_-_dortmund_-_visionen_von_citypastoral_final_-_weitergabe.pdf); Böhnstedt, Carla (2020), Theologie säkularer Existenzweisen, in: ZTPh 40. Jg, 2020-2, 135–144.

möglichst viele Menschen mit Angeboten in einen bestimmten Kirchraum zu locken, „sondern die Stadt als spirituellen Raum begehbar zu machen."[8] Dafür muss man sich die kommunikative Situation in der City vor Augen führen. Wenn Menschen in die Stadt (in die City) gehen, ist die Zeit ihres Aufenthaltes begrenzt (Kurze Dauer). Es gibt ganz bestimmte Gründe, warum Menschen in die City gehen (Eigene Pläne). Kirchliche Angebote konkurrieren mit einer Vielzahl anderer Anbieter (Alternative Angebote). Menschen, die in die Stadt gehen haben einen hohen ästhetischen, stilistischen und qualitativen Anspruch. Die Angebote sind dem entsprechend. In dieser Hinsicht konkurrieren in der Stadt alle miteinander und versuchen die Aufmerksamkeit der Menschen auf sich und ihr Angebot zu lenken. Die Kirche muss sich also in diesem Trubel des Marktes bemerkbar machen und hat es auf eine besondere Art schwerer als andere, weil es große Bewegungen in der Gesellschaft gibt, die sich von der Kirche wegbewegen. Die Säkularisierung führt zu Distanzen, die auch durch interessante Angebote schwer zu überwinden sind. Carla Böhnstedt kommt in ihrer Analyse zu vergleichbaren Aussagen wie Prof. Sellmann:

„Kirche in der Stadt ist in einem stark verdichteten Raum konkurrenzorientierter Wechselbeziehungen ein Player unter vielen. Als Referenzhorizont für die eigene Arbeit sollte sie deshalb nicht den kirchlichen Kontext nehmen, sondern die Stadt, an deren Qualitätsansprüchen es sich auszurichten gilt und die sie herausfordert, eine dezidierte Dienstleistungsmentalität zu entwickeln, die bewusst wahrnimmt, wie die urbane Konkurrenz vorgeht, was sie von ihr abgucken kann. Und vor allem: wie sie in der Rolle eines ‚pastoralen Dienstleisters' (säkulare)

---

8 Sellmann, Matthias, 2016a.

Kooperationen und Allianzen eingeht, um ihre Wirkmacht zu potenzieren."[9]

Die Folge aus diesem Perspektivwechsel muss sein, das Angebot kirchlicher Dienstleistung zu aktualisieren. Parochiale Vorstellungen und Ziele dürfen nicht wieder den Blick in die Stadt verstellen. Gemeindebildung; Kirchenkunde; Wissenszuwachs; ethische Belehrung; Armutsbekämpfung und andere nach wie vor wichtige Themen werden nicht von der Tagesordnung gestrichen, sie stehen aber nicht im Focus, wenn es darum geht, die Stadt als „Stimulations- und Resonanzraum der spirituellen Dimension meiner Existenz"[10] zu entdecken. Matthias Sellmann macht sich dafür stark, die Ziele stadt-kirchlicher Angebote an der kommunikativen Situation der Stadt (s.o.) zu orientieren. Die Kirche muss für einen fokussierten Augenblick beim Stadtbesuch inspirierend wirken. „Kurze, injektionshafte touch&go-Begegnung" nennt er das zum Beispiel. Oder: „Inspiration meint: Ich gebe Dir einen BrainShot mit, der Dir angenehm-konstruktiv in die Seele geht und Dein Leben qualitativ bereichert."[11] Solche Inspiration versteht er durchaus liturgisch oder auch rituell. Die Stadt ist kein säkularer Ort, sondern ein spiritueller Raum und die Aufgabe der Kirche ist es, diesen Raum begehbar oder sogar „beglaubbar" zu machen.

Dass mit dieser Sicht auf die Stadt eine andere Zielgruppe ins Blickfeld kommt, als die klassische Ortsgemeinde, liegt auf der Hand. Das muss letztlich auch das erklärte Ziel sein, wenn wir uns als Kirche für die Zukunft aufstellen wollen, ohne die prophezeiten Schrumpfungen widerstandslos hinnehmen zu wollen.

---

9 Böhnstedt, Carla, 2020, 136f.
10 Sellmann, Matthias, 2016a.
11 Ebd., 2016a.

„Stadt-Ereignisse und -events als Andockpunkt für Angebote zu nutzen, um so die Stadt als spirituellen Raum zeitgemäß erlebbar zu machen und an ‚Alltagsorten' eine Spur zu legen, die zeigt, dass der Glaube für das Leben eine *Relevanz* haben kann. Da solche Angebote vorrangig die 80 % der Menschen in den Blick nimmt, die mit klassischen kirchlichen Ausdrucksformen nicht erreicht werden, liegt das Augenmerk auf einer ‚Pastoral des kostbaren Augenblicks'. Diese bietet kurze, aber eindrückliche Impulse und intensive Begegnungen, die die Menschen rasch wieder in ihren Alltag entlassen, ohne langfristige Bindungen oder regelmäßige Verpflichtungen zu avisieren und verzichtet auf katechetische oder moralisierende Ansprache sowie Bevormundung und Besserwisserei."[12]

In diesen Analysen steckt viel Kritik am kirchlichen Handeln. Diese sollte man aber nicht reflexartig vom Tisch wischen, sondern für einen Moment erst nehmen und abwägen.

In einem zweiten Vortrag[13] zerlegt Matthias Sellmann gemeindliche Selbstbilder auf schmerzhafte Weise: „Oasen der Ruhe? Oft wird Citypastoral als ein Gegenbild zur Stadt angeboten, das mit typisch dörflichen Attraktoren arbeitet: draußen: anonym – bei uns: gastfreundlich / draußen: Lärm – bei uns: Stille / draußen: Kommerz – bei uns: Echtheit." These: Im Namen einer pastoralen Idee von Nah- und Intensiv-Betreuung unterbietet man schnell den urbanen Sorgfältigkeits-Standard der benachbarten Akteure in Handel, Tourismus und Kultur. Sellmann hinterfragt, ob dieses Bild sich mit den Erfahrungen deckt, die Menschen in der Stadt erleben. Erleben wir Menschen denn wirklich Liebe

---

12 Böhnstedt, Carla, 2020, 137.
13 Sellmann, Matthias (2016b), Oasen der Ruhe'? ‚Labore des ganz Neuen'? ‚Sammelpunkte der Armen'? Selbstbilder der citykirchlichen Arbeit in pastoraltheologischer Reflexion, 18.10.2016 (www.citykirchenprojekte.de/sites/default/files/6_-_koeln_-_bundestagung_citypastoral.pdf).

und Freundlichkeit vornehmlich in der Kirche, während man in Geschäften und Cafés das Gegenteil erfährt? Tatsächlich wird in Kirchen und Gemeinden viel über Geld gesprochen (vor allem, weil es weniger wird), obwohl es durchaus die Tendenz gibt, anderen ein monetäres Denken vorzuwerfen. Sellmann arbeitet exemplarisch das Oasenbild heraus, das für Kirchengemeinden geradezu inflationär bemüht wird. Dabei ist die Oase ein Bild für einen rettenden Ort in einer lebensfeindlichen Umgebung. Entspricht dieses Bild der tatsächlich empfundenen Wirklichkeit? Oase bedeutet:

- draußen = Stadt = Wüste = lebensfeindlich, trocken, labyrinthisch
- drinnen = Kirche = Wasser = lebensdienlich, gastlich, zielführend

Kann es richtig sein, sich auf Kosten der Stadt zu profilieren? Und wenn schon Oase:

- Hat man Nomad:innen im Blick, die Nomad:innen bleiben wollen? Bildet man eine Oase, die zum Gang in die Wüste auffordert, ermutigt, ausrüstet?
- Oder bildet man eine Oase, die die Nomad:innen gerne zu Oasenbewohner:innen machen will?[14]

In der Analyse geht es folglich um kirchliche Selbstbilder und um diesbezügliche Öffentlichkeitsarbeit. In diesem Zusammenhang wird letztlich deutlich, wie sich kirchliches Handeln auf die Stadt bezieht. Sellmann schlägt in einem ersten Schritt vor, selbstkritisch die eigene Darstellung im Verhältnis zu Stadt zu überprüfen: Wie viel Agrarfolklore pumpen Sie durch Ihr Schau-

---

14 Vgl. Sellmann, Matthias, 2026b.

fenster in die City? (Schaufenstertest) Welche Adjektive senden Ihre botanischen Dekorationen aus? (Blumentopftest) Wie lange soll es jemand bei Ihnen behaglich finden dürfen? (Möbeltest)

Citykirche Altona verlangt einen zweifachen Perspektivwechsel. Zum einen den Blick und das Ohr in die Stadt wenden, um aktuelle Phänomene und Resonanzen wahrzunehmen, die sich in der Stadt deutlich schneller entwickeln als hinter den Mauern der Parochie. Und zum zweiten den Blick in die Gemeinde richten, um sich immer wieder neu bewusst zu machen, mit welchem Selbstbild, mit welchen Angeboten Kirche und Gemeinde im Dschungel der Stadt auf sich aufmerksam machen.

Dem mit diesem Perspektivwechsel verbundenen Selbsttest müssen sich die Gemeinden in Altona in der kommenden Zeit stellen.

Der Zukunftsprozeß

„Ich denke viel an die Zukunft, weil das der Ort ist, wo ich den Rest meines Lebens zubringen werde." (Woody Allen)

Im Kirchenkreis Hamburg-West/Südholstein haben 2019 Beratungen über die Zukunft der Kirchengemeinden begonnen. In Workshops und Vorträgen wurde der Frage nachgegangen, wie den Herausforderungen in den nächsten Jahren zu begegnen sei. Dabei wurden Delegierte aus den Gemeinden bestimmt und Regionalgruppen gebildet. Die EKD und die katholische Kirche in Deutschland haben 2017 eine Studie zur zukünftigen Entwicklung der Mitglieder und der Kirchensteuern in Auftrag gegeben.[15] Diese wurde vom Freiburger Forschungszent-

---

15 Siehe: Gutmann, David/Peters, Fabian (2021), #Projektion 2060. Die Freiburger Studie zu Kirchenmitgliedschaft und Kirchensteuer – analysen – chancen – visionen, Neukirchen-Vluyn.

rum für Generationenverträge erstellt und prognostiziert einen Rückgang bis 2060 von über 50% der Kirchenmitglieder in der EKD, davon sind 24% demographisch bedingt. Neben der Bevölkerungsentwicklung spielen kirchenspezifische Faktoren eine noch größere Rolle. Die Austritte aus der Kirche überwiegen die wenigen Neueintritte und führen perspektivisch zu einem Rückgang um 28%. Dazu stellt die Nordkirche fest: „Menschen, die aus der evangelischen Kirche austreten, sind vorwiegend zwischen 25 und 35 Jahre alt – eine Phase, in der viele von ihnen ins Erwerbsleben eintreten und erstmals Kirchensteuer zahlen, zugleich aber kirchliche Angebote nur selten in Anspruch nehmen."

In den kommenden Jahren werden viele Pastor:innen in den Ruhestand eintreten und eine Wiederbesetzung der entsprechenden Pfarrstellen ist nur im geringen Maß möglich, da weniger junge Leute diesen Beruf anstreben und auch die finanziellen Mittel zurückgehen. Im Kirchenkreises Hamburg-West/ Südholstein mit den 55 Gemeinden betrifft dies bis 2030 über 50 von ca. 128 Stellen, von denen nur 8 neu besetzt werden können.

Dabei wurden und werden in größeren kirchenkreisweiten kollegialen Workshops und auf regionaler Ebene folgende Gesichtspunkte durch die Delegierten diskutiert:

- Rückgang der Pastor:innen und Fachkräfte,
- Zusammenarbeit von Haupt- und Ehrenamtlichen,
- regionale Zuordnung und kirchliche Strukturen,
- Profilierung und Zusammenarbeit mit anderen Akteuren,
- Gemeinwesen-Orientierung.

Erste Ansätze aus den kirchenkreisweiten kollegialen Workshops für den Umgang mit weniger personellen Ressourcen bestehen in den folgenden, alternativen Strukturvorschlägen. Diese werden derzeit in den Zukunftsprozessen einer kritischen Betrachtung hinsichtlich der Vor- und Nachteile für die kirchliche Landschaft unterzogen:

- Anstellung von Pastor:innen in der Region (Pfarrsprengel)
- Anstellung der anderen Dienste bei einem Kirchengemeindeverband
- Pfarrstellen, pädagogisch und kirchenmusikalisch Tätige werden beim Kirchenkreis angestellt und mit regionalem Schwerpunkt eingesetzt
- Arbeiten in multiprofessionellen Teams
- Gemeindemanager:innen für Verwaltungsaufgaben

Man kann versuchen auf die Situation zu reagieren, um die Zukunft besser verwalten zu können oder um mit weniger werdenden Ressourcen auszukommen. Man kann Gesetze erlassen und versuchen die kirchliche Landschaft wie in einem Planspiel zu regulieren und vieles mehr. Aber alle diese Überlegungen und Entscheidungen gehen davon aus, dass die Prognose aus der Freiburger Studie für das Jahr 2060 genauso eintreten wird, wie beschrieben und wir können daran nichts und wieder nichts ändern. Alle verzweifelten Versuche der regulierenden Maßnahmen werden von jenem Schatten verfolgt, der auf die Gemeinden fällt, wenn man darum bemüht ist, möglichst lange die herkömmliche Gemeinde und ihre Arbeit aufrecht zu erhalten. „Wie schaffen wir es möglichst lange durchzuhalten ohne etwas grundsätzlich zu verändern?"

„Evangelisch in Altona" ist keine neue Verwaltungseinheit, kein neues regulierendes Gesetz, sondern eine Vision. Eine Vision, die sich der Prognose von 2060 entgegenstellt. Die 25–35-Jährigen, die 2060 aus der Kirche austreten werden, sind heute noch nicht einmal geboren. Vermutlich haben sich ihre Eltern noch nicht einmal kennengelernt. Das bedeutet letztlich, wir können mit unserer kirchlichen Arbeit bei den Menschen noch etwas Grundlegendes bewirken. Warum sollte uns das nicht gelingen?

Evangelisch in Altona ist eine Vision, in der tatsächlich die Gemeindegrenzen zerfließen und die Berufsbilder neu gedacht werden. Aber die Gemeinden und viele synodale Vertreter:innen hängen an den alten Bildern, halten die alten überkommenen Ideen mit letzter Kraft fest. Und die letzte Kraft darf man nicht unterschätzen.

Auch in der Gruppe der Pastor:innen, die wirklich groß und weit denken, gibt es die mahnenden Stimmen: „Das geht zu weit!" „Da geht die Synode niemals mit." „Das können wir denen so nicht verkaufen." Letztlich sind auch wir alle in jener „Mutter Kirche" sozialisiert worden; sind ein Teil von ihr und auch uns ist vieles ans Herz gewachsen. Aber wenn wir den Rückgang nicht nur verwalten wollen, um Altes und Vergangenes möglichst lange am Leben zu erhalten, gegen alle Vernunft, dann müssen wir mit einer Vision wirkliches Neues wagen. Dann müssen wir in die Stadt und „das Evangelium von den Dächern und Zäunen predigen" (Mt 10,27). Das klingt nun gar nicht neu. Gerade dieses Bild wurde im 19. Jahrhundert von den Frauen und Männern der Diakonie viel benutzt. Aber sie haben sich den damaligen Zuständen entgegengestellt und nicht versucht die Armut zu verwalten. Sie haben wirklich Großes geschaffen. Regine Jolberg, Gustav Werner, Amalie Sieveking, Johann Hinrich Wichern und so viele mehr. Sie hatten eine Vision und haben sich mit unkonventionellen Ideen einer unhaltbaren Zukunft entgegengestellt.

Ob Evangelisch in Altona so eine Vision ist, wird sich zeigen. Aber es ist eine Vision mit dem Ziel Kirche in der Stadt wirklich neu zu denken. Mit dem Ziel, die Stadt als spirituellen Raum erlebbar und beglaubbar zu machen. Die umfriedeten Burgen der Gemeinden lösen sich auf und fließen in die Stadtgesellschaft. Damit gehen sie aber keineswegs verloren, sondern machen

Kirche und Glauben fruchtbar für eine Zukunft, vor der wir als Christ:innen keine Angst haben müssen.

Stadt- und Citykirchenarbeit

Wolfgang Grünberg

(Bisher unveröffentlichtes Manuskript von Wolfgang Grünberg, 31.10.2010. Z.T. fehlen genaue Literaturangaben, alle Angaben wurden nach dem Original belassen.)

I. Zur Theologie der Stadtkirchenarbeit

1. Babylon – Athen und die Utopie des Neuen, Himmlischen Jerusalem: Körper, Geist und Seele der Stadt als Dimensionen der Stadtkirchenarbeit

Was heißt in theologischer Perspektive *Stadtkirchenarbeit?* Ich gehe von folgender Definition aus:

> Stadtkirchenarbeit ist kirchliche Arbeit im Blick auf die Vergangenheit, die Gegenwart und die Zukunft des Gemeinwesens (der Stadt, des Stadtteils, des Dorfes) als kulturelles und religiöses Gedächtnis[1], als Ort des Streits um Würde und Heiligkeit des Lebens und als Ort der Verheißung des Geistes unter pneumatologischer und eschatologischer Perspektive.

In diesem Zusammenhang ist es ein unmögliches Unterfangen, die einschlägigen biblischen Texte, die hinter dieser Definition stehen[2], zu entfalten. Es soll aber angedeutet werden, unter welcher Perspektive hier die Gesamtheit diakonischer und kirchlicher Präsenz in der Stadt in den Blick kommt.

Überholten Frontstellungen, z.B. in der Frage nach der Säkularisierung, wurde der Abschied gegeben. In postmoderner und *postsäkularer* Zeit löst sich das Dogma von der fortschreitenden Säkularisierung im Sinne der Umwandlung von Religion in Kultur und Bildung allmählich auf, und der Religion – nicht unbedingt der Kirche und dem Christentum – wird neue Aufmerksamkeit geschenkt.

---

1   *J. Assmann.* Das kulturelle Gedächtnis. Schrift. Erinnerung und politische Identität in frühen Hochkulturen, München 1992. Besonders wichtig die Kap. 1 (Erinnerungskultur) und Kap. 5 (Israel und die Erfindung der Religion).

2   Zentrale biblische Topoi für diese Definition sind für mich besonders Gen. 18 u. 19; die prophetische Stadtkritik; Jona; Joel 3.1–4; die Zionspsalmen; 1.Kor. 12–14; Apk. 21 u. 22 u.a.m.

Auch die Annahmen von der fortschreitenden Individualisierung und Enttraditionalisierung (U. Beck) sind korrekturbedürftig. Beide Begriffe und Konzepte hatten analytisch ihre Berechtigung, aber beide Konstrukte entfalteten ihre Plausibilität in relativ krisenarmen Zeiten von Wachstum und Wohlstand. In ökonomischen und anderen Krisen entpuppt sich das Individualisierungsideal als für viele zwar schöner, aber ganz unrealistischer Luxus. In der Situation wachsender gesellschaftlicher Armut führt die Zumutung zu hoher Flexibilität zur sozialen Isolierung[3] in der „Individualität" eher als Vereinsamung statt als Erfüllung erlebt wird. Die schon von J. Habermas in seiner Friedenspreisrede 2001 entfaltete Kennzeichnung der Gegenwart als *postsäkulare* Situation scheint unsere Lage präziser zu beschreiben.[4]

Kirchliches Handeln – hier durch die in der Ökumene gebräuchlichen Schlüsseltermini martyria, diakonia und koinonia zusammengefasst und unter pneumatologischer und eschatologischer Perspektive reflektiert – eröffnet der Stadtkirchenarbeit zukunftsfähige Perspektiven.

Denn *Geistesgegenwart,* pfingstlich und eschatologisch zugleich bedacht, impliziert einen *kritischen und konstruktiven Richtungssinn,* der die Polisidee als Schutz und Bildungsraum für das gute Leben ebenso zur Geltung kommen lässt wie die Stadt- und Gesellschaftskritik an *Babylon* – alias Rom – als Symbol der urbanen Welt, und beide mit der Stadtutopie des Neuen Jerusalems *prozessual* verbindet. Dies wird denkbar, wenn das

---

3   *R. Sennett* hat in seiner Studie „Der flexible Mensch. Die Kultur des neuen Kapitalismus", München 2000, dieses Problem exemplarisch bearbeitet. Seine frühere Studie: Fleisch und Stein. Der Körper und die Stadt in der westlichen Zivilisation, Berlin 1997, steht ebenfalls im Hintergrund dieses Versuches, Körper, Geist und Seele der Stadt und des Menschen zu analogisieren und in korrelativer Hermeneutik zu entfalten.

4   *J. Habermas,* Glauben und Wissen. Friedenspreis des Deutschen Buchhandels 2001, Frankfurt 2001, 12ff.

Kommen des „Neuen, himmlischen Jerusalem" nicht apokalyptisch als einmaliger, endzeitlicher Akt verstanden wird, sondern eschatologisch als zukunftseröffnende, *qualitative* Gegenwartserfahrung, in der Zukunft als Gericht und Verheißung aufleuchtet und insofern antizipiert wird.

Stadtkirchenarbeit könnte dem durch eine Rechtfertigung von Vorläufigkeit, Überholbarkeit und Revidierbarkeit entsprechen, ohne in reinen Pragmatismus zu verfallen. Dieser Ansatz könnte sowohl von der Selbstüberhöhung und Selbstüberschätzung, „Ewiges" schaffen zu wollen oder zu sollen, befreien als auch vor dem – politisch verständlichen – Ohnmachtsgefühl angesichts globaler Verstrickungen. Antizipierte Zukunftsbilder sind geschichtlich. Das ist kein Mangel. Stadtkirchenarbeit wird respektieren, dass um den kritischen Zeitgeist als qualitativer Gegenwartsdeutung und damit implizit als Zukunftsorientierung in Kunst, Kultur und Wissenschaft gerungen wird. Darum muss sich die Perspektive des Glaubens im Dialog mit diesen Deutungsmächten bewähren. Wo dies mutig versucht wird, ist *Geistesgegenwart* verheißen, aus der dann in aller Vorläufigkeit und Überholbarkeit, auch Praxis gestaltet werden kann. So könnte Stadtkirchenarbeit zu ihrer vollen Entfaltung kommen.

Gegen eine literalistisch-biblizistische und damit potentiell fundamentalistische Interpretation der eschatologischen Aussagen der Bibel betonen wir den zukunftsorientierten, den „anagogischen" und „ethisch-moralischen"·Sinn.[5] Im Kommenden kommt Gott auf uns zu und evoziert den Geist, der mutig und weltbezogen nach seinem Willen fragt. In der Gedankenfigur des „kommenden Gottes" – und d.h. biblisch: im Inkognito des

---

5   Vgl. *W. Grünberg*, Vier Versuche, eine Stadt zu lesen, in: Ders., Die Sprache der Stadt, Skizzen zur Großstadtkirche. Leipzig 2004, 49–62. In diesem Aufsatz wird versucht, den vierfachen Schriftsinn auf die Stadtrealität heute anzuwenden.

Elenden, des Armen – ist auch im Sinne Lyotards[6] dem metaphysisch *fixierten* Absoluten der Abschied gegeben. Aber verschafft tragische Erinnerung an die fehlende Mitte allein den Mut, gegen Unrecht, Elend und Gewalt anzugehen? Der Vagabund der „Zone"[7] ist vielleicht nicht nur der „umherirrende Nomade" wie einst Abraham aus dem Zweistromland, sondern auch eine Figur, mit der sich Gott verbündet hat, weil in seinem Blickwinkel Bedrohung und Verheißung der ersehnten Stadt aufleuchten. Der Vagabund braucht und findet Rastpunkte, Asylorte, also Gastfreundschaft. Hier liegt m.E. die zentrale Aufgabe kirchlicher Präsenz im Netzwerk der Stadt.

Eine solche Perspektive ist geeignet, empirischen Analysen ihr relatives Recht zu geben, ohne Zukunft als Hochrechnung des Bestehenden misszuverstehen. Ein pneumatologisch-eschatologischer Blickwinkel bleibt gleichwohl eine genuin theologische Perspektive für die körperliche, geistige und seelische Dimension der Stadt. Es geht dabei ja nicht um abstrakte, utopische Zukunftsphantasien. Körper, Geist und Seele der Stadt verweisen, obschon natürlich Metaphern, auf konkrete Phänomene. So kommen auch die Wunder und die Wunden, die Entseelung und die Schönheit, der Ungeist und Esprit von Stadtprozessen in den Blick, die ein wertneutraler, empirischer Ansatz nicht qualitativ kennzeichnen kann. Stadtkirchenarbeit, die ihrer kritisch-prophetischen und eschatologischen Perspektive gewiss ist, ist nicht wertneutral, sondern parteilich.

Fulbert Steffensky hat im Zuge der Spardebatten bei der Nordelbisch Evangelisch Lutherischen Kirche (NEK 2003) drei Essentials kirchlicher Präsenz benannt, die nicht gegeneinander aufgerechnet werden dürfen, sondern unabdingbar sind, wenn von Kirche die Rede ist: „Gott loben, das Recht ehren, Gesicht zeigen. " An entscheidender Stelle heißt es:

---

6   Vgl. *J.-F. Lyotard*. Postmoderne Moralitäten, Wien 1998.
7   Vgl. *J.-F. Lyotard*, a.a.0., „Zone", 23–35.

„Eine Kirche ist ja nicht das pure Haus Gottes unter den Menschen, es ist auch die Ansammlung von religiösem Totengebein. Es wird viel getan, was seine Selbstverständlichkeit dadurch gewonnen hat, dass es immer schon getan wurde. Es gibt viele Einrichtungen, die sich selbst legitimieren und eine andere Legitimation nicht haben als die ihrer bloßen Existenz. Kirche bleibt nur Kirche, wenn sie fähig ist, sich selbst zu exilieren, wenn sie die Fähigkeit des Auszugs aus überflüssigem und totem Gehäuse behalten hat; wenn sie einstimmt in die dauernde Bewegung der Selbstreinigung und Selbstverarmung. ‚Was brauchen wir nicht!' ist also nicht nur eine Frage, die die materielle Not gebietet. Sie gehört zur Wachheit und Spiritualität einer Gruppe".[8]

Wo also steht die Kirche in der Stadt heute? Der zentrale Grund, warum die Kirche Gott lobt, das Recht ehrt und Gesicht zeigt, liegt nicht in ihr selbst. Den Grund der Kirche hat sie nicht selbst gelegt. Der ist das Wort Gottes, Jesus Christus als Gestalt gewordene Liebe und Solidarität Gottes mit seiner Schöpfung, seinen Geschöpfen. Dieses Wort erschien, litt, starb, erstand und ist im Heiligen Geist auch heute präsent. Daraus folgere ich:

1. Wo Erfahrungsräume unbedingter Liebe geschaffen werden, wo im Namen Jesu Christi und in seinem Geist Recht und Würde der Menschen aufgerichtet werden –

2. Wo in die jüdisch-christliche Tradition als Orientierungsrahmen glaubwürdig eingeführt wird und wo (Ein-) Übungsräume für Frieden, Gerechtigkeit und Bewahrung der Schöpfung geschaffen und genutzt werden –

3. Wo Menschen, Werkräume und Werkzeuge bereitstehen, um aus Gotteslob und Menschenliebe mit Interessierten an

---

8   *F. Steffensky,* Gott loben, das Recht ehren, Gesicht zeigen. Das Wesen und die zentralen Aufgaben der Kirche, in: Pastoraltheol. 92, 9/2003, 352–367.

Werkstücken zu arbeiten, die das Gesicht der Hoffnung tragen und so auf die kommende Stadt Gottes verweisen, in der Tränen abgewischt werden und Gottes Geist in den Herzen der Menschen wohnt –

4. Wo Festräume zum Lobe Gottes für Kult, Kunst und Kultur bereitstehen und im Gebrauch sind, dort sind zentrale Dimensionen der Kirche wirksam und präsent, auch „extra ecclesiam"! Aufgabe der Kirche als Institution ist es, im Kontext und in Achtung dieser Präsenz den *Zusammenhang* dieser Dimensionen exemplarisch – nicht exklusiv darzustellen und glaubwürdig zu vertreten.

Vielleicht darf man auch von Spuren und Antizipationen des Reiches Gottes sprechen, wenn diese Bestimmungen ineinandergreifen und eine *erkennbare körperliche, geistige und seelische Gestalt* finden. Das ist das Ziel. Aber bis dahin gibt es und braucht man die Kirche oder auch nur Spuren bzw. Dimensionen dieser Kirche. Kirchen finden in solchen bzw. analogen Bestimmungen[9] Kriterien ihres Grundes und ihrer Verfehlungen. Etablierte Kirchen *müssen* sich an solche Kriterien binden. Aber es gibt „Kirchen" nie exklusiv und nie pur im Sinne dieser Kriterien. Kirchen können darum nie nur eine innerliche Angelegenheit des Herzens oder der Gesinnung sein. Tränen und Unrecht sind äußerliche *und* innerliche Größen. Darum lohnt jeder Einsatz um die sichtbare Kirche, damit sie nicht exklusiv aber exemplarisch Gott lobt, Recht übt und Gesicht zeigt.

Es ist offenkundig, dass institutionelle Voraussetzungen und personelle und materielle Ressourcen nötig sind, damit Erfahrungsräume, Übungsräume, Werkräume und Festräume „in Betrieb" bleiben. Wichtig ist ihr innerer Zusammenhang, ihr Austausch, kurz eine *Kultur der respektierten Differenz, des Wis-*

---

9 *F. Steffensky.* ebd. 38/9.

sens um die eigenen Grenzen und die Kunst gezielter Kooperationen. Das gilt innerkirchlich ebenso wie für das Gemeinwesen als Ganzes.

Die hier angegebenen Bestimmungen stehen neben einer ganzen Reihe von ähnlichen Versuchen, Stadtkirchenarbeit zu definieren. Aus katholischer Tradition hat der führende katholische Stadttheologe Michael Sievernich SJ mehrfach versucht, in Kurzformeln Stadtkirchenarbeit zu definieren. 1990 unterschied er

1. Repräsentation in der Stadt (Martyria),
2. Inkarnation in die Stadt (Diakonia) und
3. Animation der Stadt (Leiturgia).[10]

In einer späteren Veröffentlichung von 1999 hat er diese Trias umformuliert und unterscheidet nun:

A) Erinnern (Glaubensdienst),
B) Sorgen (Nächstendienst),
C) Danken (Gottesdienst)[11].

Die in der Ökumene geläufige Trias: Martyria, die bezeugende, verkündigende Kirche, diakonia, die dienende Kirche, koinonia, die am Heil und untereinander Anteil gebende und Anteil gewährende Kirche, wurde schon erwähnt.[12] Ich selbst habe mit anthropologischen Metaphern: ,Verkörperung', ,Beseelung' und ,Durchgeistung' der Stadt Konstitutiva zu benennen versucht[13]

---

10 *M. Sievernich,* Urbanität und Christentum. Konturen einer Theologie der Stadt, in: PTh 79 (1990), 109–114.
11 Ders., Kirche in der großen Stadt. Pastoraltheologische Perspektiven, in: E. Purk (Hg.), Herausforderung Gottesdienst, Frankfurt/M, 1999, 23–44.
12 Manchmal ergänzt um die Kategorie: Leiturgia, Dienst (am bzw. im Kult).
13 *W. Grünberg,* Wo steht die Kirche heute? In: J. Ebach (Hg.), Bloß ein Amt und keine Meinung? – Kirche, Gütersloh 2003, 168–210.

und in anderem Zusammenhang drei Basiskategorien von Stadtkirchenarbeit unterschieden, die auch bei diesen Äußerungen
immer präsent waren:

1. „Die Arbeit am Gewissen der Stadtöffentlichkeit;"
2. „Die Sorge für das Gedächtnis der Stadt und ihrer Bewohner; "
3. „Die Inszenierung der Hoffnung am jeweiligen Ort".[14]

Die Kirche der Zukunft wird sich massiv verändern müssen. Sie
wird sich von flächendeckendem Versorgungsverhalten verabschieden müssen und dies auch können. Sie wird Kooperationen
vor Ort und auf Zeit mit vielen anderen Initiativen und Institutionen eingehen können und eingehen müssen. Dies ist in der
einen Situation leichter, in der anderen schwieriger. Aber je kon-
zentrierter sich Kirche ihres Grundes und ihres Zieles bewusst
ist, desto gelassener und erwartungsoffener macht sie sich bereit
für die überraschende Ankunft und Präsenz von Gottes schöpfe-
rischem Geist, der in die Neue Stadt, das himmlische Jerusalem
und in seine Antizipationen im Irdischen.

Wer mit dieser Verheißung lebt, also bestimmte Praxiserfah-
rungen als „Vorschein" des Verheißenen zu deuten sich anschickt
und so erwartungsoffen lebt und arbeitet, für den ist die Stadt als
Lebensort und Lebensform unser aller Schicksal und ein unabge-
schlossenes Abenteuer. Bauen wir unsere Kirchen als Institution
wie als Bauwerke so um, dass sie offene Gasthäuser zur Rekreation von Leib, Seele und Geist werden und an vielen Stationen
der Stadt und des Lebens präsent bleiben, um den Flaneuren und
Vagabunden, um Nachbarn und Liebhabern Einkehr zu ermöglichen. Manche von denen, die einkehrten oder Gastgeber waren,

---

14 *W. Grünberg,* Die Idee der Stadtkirche, in: PTh 79 (1990), 148.

bemerken erst im Nachhinein, dass sie als Pilger und Pioniere auf dem Weg zur Neuen Stadt unterwegs waren.

II. Kontexte

Um Citykirchenarbeit im engeren Sinn zu verstehen, muss man einen Blick auf ihre Kontexte werfen. Darum zunächst ein stadtgeschichtlicher Blick von außen.

2. Phasen der Stadtentwicklung nach 1945

Die Älteren unter uns haben noch innere Bilder von der Situation ihrer Städte nach dem 2.Weltkrieg vor dem inneren Auge: weithin zerstörte Innenstädte, Millionen von Flüchtlingen in kümmerlichsten Notunterkünften, die fehlenden Männer, als die Stunde der Frauen. Sie und die Flüchtlinge wurden auch die zentralen Kräfte für das kirchliche Leben der Nachkriegszeit. Weniger vor Augen stehen meist die Planungskonzepte, die den Wiederaufbau faktisch steuerten.

1.1. Städtebaulich gesehen war die *Phase zwischen 1945 und etwa 1955* die Zeit der Beseitigung der unmittelbaren Kriegsschäden, die „Enttrümmerung", der auch viele „Halbruinen", darunter viele Kirchenruinen, durch „Abtragung", im Klartext: meist durch Sprengung, zum Opfer fielen. Parallel dazu ging es um Wiederherstellung und Neuplanung von Brücken, Verkehrswegen usw., also notwendigste Infrastrukturmaßnahmen. Sodann ging es um die Schaffung von Wohnraum, meist in Wohnungsblocks in sog. „Zeilenbauweise". Städtebaulich leitend wurde die „Charta von Athen"[15], die zwar schon in der Vorkriegszeit vornehmlich von Le Corbusier u.a. formuliert wurde

---

15 Anmerkung Grünberg: „Aus dem Stadtbuch herauskopieren".

(1941), aber erst in der Nachkriegszeit richtig zur Geltung kam. Diese Charta war der heimliche Lehrplan, das „hidden curriculum", für den Wiederaufbau und die Stadtentwicklung. Sie ging vom Credo der *funktionalen Entmischung* als Lösungsansatz zur Überwindung des Chaos aus.

Grundbedürfnisse, wie Wohnen, Arbeiten, sich Erholen und sich Bewegen sollten räumlich getrennt werden. Wo es aufgrund der Zerstörungen möglich und erwünscht war, wie z.B. in Hannover, Kassel und an vielen anderen Orten, wurden durch zunächst „moderne" Verkehrsachsen festgelegt, die die „altmodische" Kleinteiligkeit und Enge der letztlich noch auf mittelalterliche Stadtgrundrisse zurückgehenden Strukturen beseitigte.

2. In der zweiten *Phase zwischen 1955 bis etwa 1970* wurden in großem Stil nicht nur Wohnungen und „Siedlungen", sondern „Städte", sog. Trabantenstädte, gebaut – quasi Stadtrand-Kleinstädte. Im Westen steht das Märkische Viertel in Westberlin für diesen Typus, die Entsprechung im Osten war Berlin-Marzahn. Die innere Gliederung dieser Trabantenstädte folgte ebenfalls der „Entmischung": In der Mitte der „Siedlung" Einkaufszentren, u. U. auch Kirchen und Gemeindezentren, dann die Wohnungsblocks, wie Bauklötze, in konzentrischen Kreisen geplant, „durchgrünt" und mit Spielplätzen und Kindergärten durchsetzt. Im Westen führte dies, kirchlich gesehen, zum größten Bauboom seit dem Mittelalter. Im 20. Jahrhundert sind mehr Kirchen (und Gemeindezentren) gebaut worden als in den fünf Jahrhunderten seit der Reformationszeit, die selbst mehr Abrisse und Umnutzungen von Kirchen nach sich zog, als derzeit in vielen Großstädten diskutiert werden.

In dieser Zeit wurde der zentrale Bereich der Städte zur Einkaufs- und Verwaltungsstadt ausgebaut, was die Verdrängung der Wohnbevölkerung nach sich zog. Die Differenz zwischen Gewerbemieten und Wohnungsmieten (erst Recht der Sozialmieten) und damit die Investitionsbereitschaft Dritter wurde zum Schlüssel der Entwicklung.

Parallel zu Trabantenstädten entwickeln sich sog. „Speckgürtel" mit ihren endlosen kleinen, später auch größeren „Häuschen im Grünen". Nur wenige durchschauten, dass damit zwei neue, hoch brisante Entwicklungen eintraten:

- die Verödung der Innenstädte und Zersiedelung der Stadtränder („Suburbanisierung")
- die ökonomische und soziale Segregation, also stadt-räumliche Ausdifferenzierung in „reichere", tendenziell in sich homogene Stadtviertel und weniger reiche Viertel, mit einer in sich sehr inhomogenen Bevölkerung in Bauten des „sozialen Wohnungsbaus".

3. Zwischen 1970 und 1990 wurde die Ambivalenz der Wiederaufbaukonzepte allmählich erkennbar. Die Verarmung und Verschuldung der Kommunen als Träger öffentlicher Einrichtungen (Schulen, Krankenhäuser, Schwimmbäder, Verkehrsmittel etc.) wurde so dramatisch, dass nach neuen Wegen gesucht werden musste. Das zentrale Rezept hieß: Privatisierung und meinte de facto den Rückzug aus dem öffentlichen Raum. Der Wettstreit der Städte und Kommunen um Standortvorteile verschärfte sich. Nach dem Bauboom in Folge der Wiedervereinigung wurde eine allgemeine gesellschaftliche Krise sichtbar, die ihren deutlichsten Ausdruck in der demographischen Entwicklung bei wirtschaftlicher Stagnation, hoher Arbeitslosigkeit, Globalisierung etc. fand.

4. Gegenwart: Schauen wir auf die innerstädtischen, zentralen Bereiche der Stadt, so sehen die Stadtsoziologen und Städtebauer mit Ausnahmen sog. „Leuchttürme", wie München, Berlin, Leipzig, Hamburg, ziemlich düster auf die Zukunft der Städte. In die

Innenstadtbezirke, so die Prognose, sickern vier sog. „A-Gruppen" ein: Arbeitslose, Ausländer, Arme, Alkoholiker (sie stehen für alle Dropouts und „looser"). Niemand konnte sich z.b. in den 60er und 70er Jahren das dramatische Anwachsen der Anzahl von Obdachlosen und Straßenkindern in den Metropolen hierzulande überhaupt vorstellen. Die soziale, ethnische und lokale Segregation führt zu „Problemzonen" in der Stadtlandschaft. Die ökonomische Entwicklung fördert die Polarisierung (Hamburg hat die höchste Dichte an Millionären und *zugleich* die höchste Zahl von Sozialhilfebeziehern je 100.000 Einwohner). Solche Gegensätze produzieren strukturell Dispositionen für Gewalt, Kriminalität und Konflikte zwischen (ethnischen) Minderheiten.

3. Die politische, soziale und religiöse Neubewertung des Stadtzentrums seit den 80er Jahren des 20. Jahrhunderts vor dem Hintergrund hanseatischer Vorbilder

Erst seit wenigen Jahren wird in einigen Großstädten, z.B. von Hamburgs bürgerlicher Regierung, das Konzept der „wachsenden Stadt" als politische Zielvorgabe propagiert. Das dahinterstehende Konzept hatte gleichwohl der Sozialdemokrat von Dohnany schon 1985 entwickelt und auf die Kurzformel gebracht: „Unternehmen Hamburg". Kultur wurde als „Standortfaktor" wiederentdeckt. In der Krise der Städte wurde auch das „symbolische Kapital" (Bourdieu) von signifikanten, öffentlichen Bauten – „Wahrzeichen" – wie Rathäuser, Kirchen, Museen, Bahnhöfe, Denkmäler etc., neu gewürdigt. Allmählich gelangte auch ins kirchliche Bewusstsein, dass besonders die Innenstadtkirchen, sofern sie stadtgeschichtlich und kunsthistorisch von Bedeutung waren, nicht auf ihre Bedeutung für gemeindliche Zusammenkünfte reduziert werden durften. In Nürnberg, Lübeck, Hamburg, klassisch protestantische Städte mit einer großen Dichte von wertvollen Kirchen, die z.T. als Wahrzeichen bzw. Symbole der Städte selbst gelten, war im Prinzip immer klar, dass die Gleichung Kirche gleich Versammlungsraum der Gemeinde zum sonntäglichen Gottesdienst zwar dogmatisch-ekklesiologische Correctness spiegelt, aber mit liberalen, religiösen, sozialen und kulturellen Bedürfnissen der Großstadtbewohner, mit selbstverständlich gewordenen punktuellen und selektiven Nutzungsverhalten, auch in religiöser Hinsicht, mehr und mehr kollidiert.

Zum anderen wurde die Attraktivität bedeutender Stadtkirchen als Kulturdenkmal durch Touristenströme, aber auch durch Einheimische, erkennbar, so dass in den erwähnten Städten Lübeck, Nürnberg und Hamburg alltags mehr Personen in die Kirche der City kommen als Sonntags. Bei der Analyse dieser Attraktivität stößt man nicht nur auf kunsthistorische Interessen oder neues individuelles, religiöses Interesse von Alltagsbesucherinnen. Bei einem Einblick in die Nutzungsgeschichte der Kirchen stößt man auf Muster, die urbane und gemeindlich-religiöse Nutzungen immer schon miteinander verbunden hatten.

Die berühmte weiße Halskrause des Hamburger Talars macht dies bis heute jedem deutlich, der „Ratsherren-Pils" trinkt: nicht ein Hauptpastor hebt auf dem Label den Humpen, sondern eben der Ratsherr mit seiner Halskrause (nur dass die Ratsherren dies de facto nicht mehr tun, sondern nur noch die Pastoren im Kirchenkreis „Alt-Hamburg").

Für alle Hansestädte – es handelte sich in besten Zeiten immerhin um mehr als 100 bedeutende Städte in Europa – galt gerade nicht die Trennung von Kirche und Stadt, sondern ihre innige Verflechtung in baulicher, magistraler und gesellschaftlicher Hinsicht. Die vor allem von Lübeck aus gesteuerte Hanse-Tradition umfasst die Zeit vom 13. bis 17. Jahrhundert (letzter Hansetag 1669), d.h. sie geht über die Kirchenspaltung durch die Reformation hinaus. Die Reformation selbst war bekanntlich eine städtische Bewegung (B. Möller) und erfasste schnell viele der Hansestädte.

In der Hanse haben wir einen Kaufmanns- und Städtebund vor uns, der das Hoch- und Spätmittelalter sowie die Reformationszeit bis zum 30jährigen Krieg, städtisch und baulich prägte. Die Trias von Rathaus, Marktplatz und Stadtkirche als Repräsentanzen ökonomischer, politischer und kulturell-religiöser Macht schuf konfligierend und konkurrierend zugleich die Voraussetzung einer Stadtkultur, von der wir in vielen Städten bis heute zehren. Man vergleiche nur die Stadtbilder der Backsteingotik zwischen Lübeck und Riga. Hier gibt es übrigens noch viele liturgiegeschichtlich relevante Entdeckungen über das Wechselverhältnis von urbanen, liturgischen und rituellen Handlungsvollzügen zu machen.

Die Hansezeit ist unter dem ökonomischen wie unter dem ökumenischen Gesichtswinkel gleichermaßen interessant, weil hier stadtgesellschaftliche Kontinuität und religiöse Diskontinuität zusammenkamen. So sind aus altkatholischer Zeit Bräuche, Riten und Traditionen in die städtischen Lebensformen gelangt, die auch in protestantischer Zeit, wegen ihrer Verquickung mit dem ökonomisch-politischen „überkonfessionellen" Hansebund, längere Zeit weiter geduldet wurden bzw. behutsam protestantisch überarbeitet bzw. uminterpretiert wurden. So z.B. in Danzig.[16]

In der Mentalitätsgeschichte des „Hanseatischen" ist diese Fassung und Funktion von Religion und Urbanität bis heute präsent und es ist darum kein Zufall, dass besonders Lübeck und Hamburg zu Schwerpunkten der Citykirchenarbeit geworden sind.

Dieser historische Rekurs ist deswegen kein rein „historischer", weil z.B. gotische Kirchen als „Zeitzeugen" der Hanse

---

16 Ein Forschungsvorhaben der Arbeitsstelle Kirche und Stadt beschäftigt sich derzeit mit Symbolkirchen in religiösen und politischen Umbrüchen im Ostseeraum. Das von der VW-Stiftung finanzierte, interdisziplinäre und transnationale Forschungsprojekt läuft noch bis 2006.

ja materiell fassbar gegenwärtig sind und damit ganz selbstverständlich stadtkirchliche Verflechtungen als auch gegenwärtig denkbare Handlungsoptionen zur Anschauung bringen. Die gegenwärtige Citykirchenarbeit knüpft faktisch an ältere Muster an und entdeckt zur eigenen Überraschung, dass in der Mentalität der Bevölkerung selbst in ehemaligen DDR-Städten die historischen Stadtkirchen als „alte Zeugen" auch bei religiös oder kirchlich Distanzierten fest verankert sind und hohe Akzeptanz haben. So präsentierte z.B. ein kundiger Stadtführer in Wismar auf einer Exkursion mit Teilnehmerinnen des oben erwähnten Forschungsprogramms 2003 voller Stolz das neue Weltkulturerbe dieser Stadt: „Ich bin zwar nicht christlich, aber wenn, dann jedenfalls protestantisch und diese Kirchen gehören für jeden hier unbedingt zu uns".

III. Citykirchenarbeit

4. Citykirchenkonferenz

Der Begriff *Citykirche* verweist schon semantisch auf angelsächsische Herkunft. In der sog. Chicagoer Schule der Stadtsoziologie (Wirth, Park) wird der Begriff „City" analog zum Alltagsbegriff „down-town" eng gefasst und meint den innersten Ring der Stadt, also ihr Zentrum, in dem die zentralen Verwaltungs-, Versorgungs-, Verkaufs-, und Repräsentationsgebäude angesiedelt sind.

Im englischen Sprachgebrauch bezeichnet City eigentlich die ganze Stadt. Die im Prinzip mögliche deutsche Übertragung von „Citychurch" mit dem Begriff der „Innenstadtkirche" hat sich nicht durchgesetzt, weil er zu unspezifisch ist und auch Kirchen umfasst, die zufällig nahe der Stadtmitte stehen aber gleichwohl, dem eigenen Selbstverständnis entsprechend, eine primär lokale, ortsgemeindliche Funktion erfüllen wollen und dementsprechend keine gesamtstädtische Bedeutung und Ausstrahlung anstreben. Der soziologische Begriff City impliziert eine bestimmte Qualität, nämlich die, eine gesamtstädtische Funktion bzw. Bedeutung zu haben. wie Rathaus, Verwaltungs- und Versorgungsgebäude mit in ihren Funktionen ebenfalls.

Obwohl der Begriff „Citykirche" also die Intention impliziert, für die City – im englischen Sinn also für die Stadt als Ganze – von Relevanz sein zu wollen, ist er nicht eindeutig. Einstweilen wird der Begriff noch sehr vielfältig und ungenau verwandt. Das seine Berechtigung auch darin hat, weil er auf englische, besonders Londoner Beispiele verweist (St. Martin in the Field, St. Pauls, in gewisser Weise auch Westminster Abbey), die wesentlich zum Aufblühen dieser Form kirchlicher Präsenz in Innenstädten beigetragen haben.

Ich versuche im Folgenden, die Citykirchenkonferenzen unter dem Focus einer „Bewegung" zu beschreiben. Im Konferenzjargon hat sich dafür das Wort vom „Wanderzirkus" durchgesetzt. Hier sind „Spielleute" am Wirken, oft kühne Künstler und Improvisatoren, die Neues ausprobieren, um darin Gott und dem Zeitgeist zugleich auf der Spur sein zu wollen. „Wanderzirkus" heißt auch, dass sich die Konferenzen von Ort zu Ort bewegen. Getagt wird dort, wohin eine Stadt bzw. eine Citykirche einlädt. Das waren in den ersten Konferenzen die Orte, in denen es in hervorgehobenen innerstädtischen Kirchen, die oft genug Symbole ihrer Stadt waren bzw. sind, besondere Initiativen zu zeigen bzw. zu erleben gab. Ob nun St. Lorenz und St. Sebaldus in Nürnberg, ob Kaiser-Wilhelm-Gedächtniskirche in Berlin, ob Marktkirche in Hannover – überall ging es zunächst um den Erfahrungsaustausch der verantwortlichen Akteure, i.d.R. also der leitenden Pastorinnen und Pastoren. Wegen der besonderen Bedeutung der Kirchenmusik und sozialer Initiation waren anfangs auch Kantoren und Sozialpädagogen an diesem Erfahrungsaustausch beteiligt.

Ein praktischer Theologe (der Verf.) war von Anfang an
bewusst als Reflektor und Kommentator dieses Erfahrungs-
austausches eingeladen worden. Eine weitere Funktion der
Konferenz bestand und besteht darin, jeweils das spezifische
Stadt-Kirchen-Verhältnis zu thematisieren und strukturell zu
analysieren. Daraus hat sich z.B. die Tradition herausgebildet,
dass die Konferenz vor Ort sowohl in der Regel im Rathaus vom
Bürgermeister (oder einem von ihm Beauftragten), als auch von
der zentralen kirchlichen Autorität (Bischof, Stadtdekan) emp-
fangen wird und die jeweiligen Autoritäten gebeten werden, das
Stadt-Kirche-Geflecht in ihren Grußworten anzusprechen. Ziel
dieses Konferenzteils war und ist die Stärkung der wechselsei-
tigen Wahrnehmung und Verflechtung von kommunalen und
kirchlichen Problemlagen und Lösungsperspektiven vor Ort.
Erkennbar wurde schon nach wenigen Konferenzen, dass diese
Begegnungen nur gelangen, wenn zunächst die innerkirchlich
Verantwortlichen sich dem relativ neuen Profil von Citykirchenarbeit mit ihren oft ungewohnten kulturellen und politischen
Programmen stellten. Die Konferenzen belehrten die Beteiligten sehr bald, dass die „verlässliche reale und programmatische
Öffnung" der Citykirchen – Basiscredo aller Citykirchenarbeit
– zwar seitens der Stadt bzw. der Kommune Beifall fand und findet, aber oft genug Bedenkenträger in Kirchenvorständen oder
in Leitungsgremien mit dem Kopf schüttelten. Darum wurden
zunehmend Orte für Konferenzen ausgewählt, in denen inner-
kirchliche bzw. kommunal-kirchliche Konfliktlagen bestanden
– in der Hoffnung, dass das Gewicht der allmählich sich europä-
isch ausweitenden Konferenz vor Ort katalysatorisch und moti-
vierend wirken könnte.

Erfahrungsaustausch,   teilnehmende   Beobachtung   bei
bestimmten Projekten vor Ort, thematische Reflexion der Arbeit
unter Rückgriff auf den professionellen Beobachter, Wirkung
auf Kommune und Kirche im Sinne von Öffnung *und* Vernet-

zung beider Ebenen – sind stets wiederkehrende Konferenzbausteine. Die Citykirchenkonferenz hat bislang kein zentrales Büro o.ä. Die Teilnehmer zahlen selbst. Die einladende Stadtkirche organisiert in eigener Verantwortung. Die Kontinuität sicherten zunächst die Gründungsmitglieder der Konferenz. Nach deren allmählichem Ausscheiden ist 2002 ein sog. „Sprecherrat" per Zuruf und bestätigender Akklamation installiert worden, der nun zusammen mit der einladenden Stadtkirche vor Ort die Konferenzen plant. Eingeladen werden übrigens alle, die von sich aus Interesse angemeldet haben. So hat sich ein Stamm von ca. 50–70 TeilnehmerInnen herausgebildet, mit offenen Grenzen nach außen.

Jede Konferenz hat einen thematischen, lokal relevanten und typischen Schwerpunkt, dessen Dimensionen vor Ort illustriert werden. So hatte die Citykirchenkonferenz in Hildesheim 2003 den Schwerpunkt „Räume riskieren", nicht nur weil das Thema Kirchen als heilige Räume aktuell ist, sondern weil die gastgebende „offene Stadtkirche St. Jakobi" sich gerade mit Umbauplänen für St. Jakobi herumschlug. Das Thema der Citykirchenkonferenz 2004 in Dresden stand unter dem Thema „Abbrüche und Aufbrüche", das in Dresden glänzend illustriert werden kann (Besuch der neuen Synagoge, der fast wiederhergestellten Frauenkirche usw.). Um einen Eindruck von den wichtigen Orten der Citykirchen im deutschsprachigen Raum zu geben, sind nachstehend die Orte bisheriger Citykirchenkonferenzen aufgeführt:

Jahr		Stadt	Thema
1990	I	Hamburg	
1991	II	Hannover	
1992	III	Nürnberg	
1993	IV	Köln	
1994	V	Berlin	
1995	VI	Lübeck/Bad Segeberg	

1996	VII	Basel	
1997	VIII	Dortmund	
1998	IX	Frankfurt a.M.	Religion in der Stadt
1999	X	Stralsund	
2000	XI	Hamburg	
2001	XII	Zürich	Contract Spirituel
2002	XIII	München	Kirche und Kunst
2003	XIV	Hildesheim	Räume riskieren
2004	XV	Dresden	Abbrüche und Aufbrüche
2005	XVI	Lübeck	Together is the key. Stadtkirchenarbeit im Ensemble
2006	XVII	Berlin	Citykirchen 2030 – Vom Exoten zum Modell
2007	XVIII	Berlin (c/o EA Berlin Schwanenwerder)	
2008	XIX	Basel	Münster, Minarett und Symbolbauten multinationaler Konzerne
2009	XX	Berlin (c/o EA Berlin Schwanenwerder)	Stimmen in der Stadt. Strategien der Kommunikation im urbanen Raum
2010	XXI	Mannheim	Citykirchen zwischen kultureller und diakonischer Ausrichtung – ein notwendiger Widerspruch?

5. Weitere kirchliche Initiativen zur Vernetzung von Stadtkirchenarbeit

Im Jahr 2002 wurde die „Ökumenische Arbeitsgemeinschaft der Citykircheneinrichtungen" gegründet, die sich 2004 formell als Netzwerk konstituiert hat. Es handelt sich dabei um Einrichtungen, die früher als „Kirchencafés", Kirchenläden oder auch Citykircheneinrichtungen bezeichnet wurden. Es sind zumeist sozial-diakonisch orientierte Einrichtungen, die meist an oder in der Nähe von Innenstadtkirchen in eigenen Gebäuden angesiedelt sind, seltener Initiativen, die *in* den Kirchengebäuden selbst und *mit* ihnen zu wirken versuchen.

Die Doppelung dieser Konferenzen ist das Ergebnis der Ausdifferenzierung von Stadtkirchenarbeit. Dafür gibt es ältere Vorbilder. Denn die älteste kirchlich getragene dezidierte Stadtkirchenarbeit war die Stadtmission, die bekanntlich auf Johann Hinrich Wichern zurückgeht und zu den ältesten Zweigen der Inneren Mission gehört (1848). Auch sie gibt es nach wie vor, wie ihre weiteren Zweige, z.B. die Bahnhofsmission, belegen.

Das Neue am „Netzwerk City-Kirchen-Projekte" sind ihre bewusste Abkehr von allen volksmissionarischen Zielen und ihr ökumenischer Horizont. Das Netzwerk trägt die Beratungsarbeit unter den Bedingungen einer mobilen und polarisierten Gesellschaft. Es hat Versuche gegeben, beide Konferenzen zusammenzuführen. Aber dies hat sich – schon von der Größenordnung her – als wenig fruchtbar erwiesen. Derzeit ist vereinbart, dass die Sprechergruppen beider Konferenzen sich wechselseitig zu ihren Treffen einladen, um im inhaltlichen Austausch zu bleiben.

Daneben ist die seitens der EKD koordinierte *Konferenz der Stadtdekane* zu nennen, die sich alle zwei Jahre trifft. Langjähriger Sprecher dieser Konferenz war bis 1997, bis zu seinem Ausscheiden aus dem Dienst, Hans-Werner Dannowski, Stadtdekan von Hannover und Initiator des neuen Typus von Citykirchenarbeit, um den es hier geht. H.W. Dannowski gehört auch mit zu den Initiatoren der jährlichen Citykirchenkonferenz und der von der Arbeitsstelle Kirche und Stadt des Instituts für Praktische Theologie an der Universität Hamburg herausgegebenen Buchreihe „Kirche in der Stadt"[17]. Im September 2004 fand in der EKD ein Forumsgespräch statt, die verschiedenen Initiativen, z.B. die Vereinigung der Kirchenpädagogen[18], besser zu vernetzen.

---

17 Von 1991 bis 2003 erschienen 11 Bände.
18 Anmerkung Grünberg: „Siehe Anlage. "

6. „Heraus aus der parochialen Gefangenschaft der Kirche"

Der Aufbruch der Stadt- und Citykirchenarbeit in den erwähnten Initiativen antwortete auf eine doppelte Krise. Wie oben ausgeführt verödeten die Innenstädte durch Wegzug der Wohnbevölkerung, so dass große symbolträchtige Kirchen und Gemeinden immer mehr Mitglieder verloren. Z.B. hat St. Jakobi in Hamburg noch weniger als 500 Gemeindeglieder, die im Kirchspiel wohnen. St. Katharinen hat sogar nur knapp 300 Mitglieder, wenn man nur die vom Wohnort ausgehende Kirchenmitgliedschaft zählt. Beide Gemeinden haben real aber wieder wachsende Mitgliedszahlen als „Personalgemeinden", was natürlich zu Lasten anderer Ortsgemeinden geht.

Symptomatisch war das Schicksal von Nikolai, Hamburg, an der jetzigen Ost-West-Straße gelegen. Sie war nach dem Krieg weniger zerstört als z.B. St. Katharinen. Aber sie wurde zuerst von der Kirchengemeinde und dem damaligen Hauptpastor Paul Schütz mit Zustimmung der damaligen hamburgischen Landeskirche und sodann von der Stadt als Gemeindekirche „aufgegeben". Das hatte zur Folge, dass das äußere Mauerwerk des Kirchenschiffs, das noch überwiegend erhalten war, Anfang der 50er Jahre weitgehend gesprengt wurde. Der Turm – er ist der dritthöchste in Deutschland und war Peilmarke bei der Aktion Gomorra, die Hamburg 1943 in Schutt und Asche legte – blieb als Mahnmal[19] zu erhalten. Mit der gleichen Logik hätte man damals viele Innenstadtkirchen aufgeben können. In Hamburg hätte St. Petri, die alte aber auch weithin zerstörte Ratskirche an der Wiege der Stadt, ausgereicht, um die noch verbliebene Wohnortgemeinde in der City zu „versorgen".

Diese Reminiszenz zeigt, dass die exklusive Bindung des theologisch gefüllten Begriffs „Gemeinde" an die soziale Reali-

---

19 Genaue Bibliographie fehlt.

tät des Wohnortes heute zu einer Engführung geworden ist. Das
ist keine prinzipielle Absage an das System der Ortsgemeinden
überhaupt. Vielmehr könnte theologisch und historisch gezeigt
werden, dass im Begriff der Parochie ursprünglich die „katholische", sprich umfassende Idee eines die zentralen Lebenswelten
der Menschen integrierendes Gemeindeverständnisses enthalten
ist. Unter den Bedingungen der agrarischen, vorindustriellen
Welt war die Verknüpfung der wichtigsten Lebenswelten durch
die parochiale Struktur gegeben. Sie schloss, man könnte sagen
ökologisch weitsichtig, Haus und Hof, Bäume, Vieh und all das
ein, von dem Luther im Kleinen Katechismus in der Auslegung
des ersten Artikels des Glaubensbekenntnisses spricht: „Ich
glaube, dass mich Gott geschaffen hat sampt allen Kreaturn,
mir Leib und Seel, Augen, Ohren und alle Gelieder, Vernunft
und alle Sinne gegeben hat und noch erhält, dazu Kleider und
Schuch, Essen und Trinken, Haus und Hofe, Weib und Kind,
Acker, Viehe und alle Güter mit aller Notdurft und Nahrung
dies Lebens reichlich und täglich versorget…"[20] Dies vor Augen
wird deutlich, was die Parochie eigentlich meint: Elementarer
Lebensraum, Schöpfungsgabe als Lebensunterpfand als Gestal-
tungs- und Verantwortungsraum.

Daraus folgere ich: In unterschiedlichsten ebenso spannen-
den wie auseinanderdriftenden Lebenswelten lebend suchen
Menschen nach integrierenden Perspektiven und Erlebnissen,
Erfahrungen und Perspektiven. Sie ahnen – oft unbewusst – dass
sie weder in sich selbst noch auf dem Warensektor dieses Integ-
ral finden oder abrufen können. Religion ist Sehnsucht nach dem
Umgreifenden und bildete sich in der Parochie als ein den Alltag umgreifendes Geschehen lokal ab. Die Dorfkirche und die
vorindustrielle Stadtkirche verorteten das Umgreifende lokal im

---

20 KK, BESELK; 510.

Festzyklus von Dorf und Kleinstadt in überschaubaren Lebenshorizonten und transzendierten die Alltagsvollzüge zugleich.

Darin lag und liegt ihre Kraft. Aber unter urbanen, großstädtischen Lebensbedingungen kann sie diese Funktion nicht mehr für alle erfüllen, sondern mehrheitlich nur noch für die, deren Lebenshorizont lokal definierbar ist, weil ihr sozialer Aktionsradius mit dem der Parochie einigermaßen übereinstimmt: Kinder, Alte, Kranke, Arbeitslose etc. Um der Idee willen, die in der Parochie enthalten war und ist, muss das Insistieren auf ortsgemeindliche Mitgliedschaft als Norm und Regelfall von Kirche kritisiert und relativiert werden. Darum sind komplementäre Strukturen, wie die sich bildenden Netzwerke der Citykirchen und der Citykircheneinrichtungen, heute ein notwendiges Gegengewicht gegenüber den lokal umgrenzten Ortsgemeinden.

Das Verhältnis von ortsgemeindlicher und stadtkirchlicher Arbeit müsste, von hier aus gesehen, ein kooperatives sein können. In der Praxis hat sich das Gegenüber als Spannungsfaktor ersten Grades herausgestellt.

Nachdem sich Citykirchen mehr und mehr durchsetzen, gibt es vereinzelt auch Exklusivansprüche von der anderen Seite. Das kann hier nicht diskutiert werden. Ich denke, dass jeweils vor Ort verschiedene Lösungen gefunden werden müssen. Konflikt- und Konkurrenzverhalten werden minimiert, wenn stadtkirchliche und gemeindliche Orientierungen in getrennter Verantwortung über ihre je eigenen Ressourcen verfügen, also nicht jede ausgabenwirksame Entscheidung zur Zerreißprobe entsprechender Gremien wird. Verantwortlich für die gesamtstädtische Ebene sollte in der Regel der Kirchenkreis oder eine Vereinigung von Kirchenkreisen sein.

Deutungen

Ich habe bisher in drei Perspektiven die Stadt- und Citykirchenarbeit zu schildern versucht. I. unter theologischer Perspektive;

II. zum anderen unter der Perspektive neuerer Stadtentwicklungen, III. im Spiegel der Citykirchenkonferenzen, Konferenzen, die sich mit Citykirchenarbeit beschäftigen. Wie sind die
Entwicklungslinien zu deuten und zu bewerten? Ich hebe drei
Gesichtspunkte hervor.

7. Die Wiederaneignung des öffentlichen Raums

Die Sorge um den Verlust des öffentlichen Raums hatte in
Zeiten des geteilten Deutschlands hüben wie drüben ein ganz
unterschiedliches Gesicht. Die Jüngeren können sich das DDR-
typische „Putz"grau als öffentliche Alltagsfarbe (bzw. als Mangel an Farbe überhaupt) kaum noch vorstellen. Die DDR war
ein grauer Bereich, der durch die auf rot-weißen Schildern mit
Propagandaparolen der Partei (SED) und des „großen Bruders"
mit den entsprechenden Fahnen hier und dort verziert oder ver-
unziert wurde, je nach Lesart. Das DDR-spezifische Putzgrau
war in den frühen 50er Jahren auch im Westen selbstverständlich
(z.B. von den nur z.T. beklebten Litfasssäulen). Es ist und war
das Grau der Reduktion auf die Grundbedürfnisse des Lebens,
die Abwesenheit öffentlicher Ästhetik, ein Grau, das auch heute
in Randgebieten der Megacities diesen Gebieten im wahrsten
Sinn des Wortes das Armutszeugnis ausstellt.

Der öffentliche Raum im Westen wurde seit den 60er Jahren
bunter. Farbiger Putz kam auf und statt der Politparolen im Osten
sorgten im Westen Reklame und Werbung für Farbe. Diese hat
gerade dem westlichen Deutschland vorgegaukelt, es gäbe hier in
ganz anderer Weise einen „öffentlichen" Stadtraum als im Osten.
Tatsache aber war und ist, dass im rechtlichen Sinn der „öffentliche Raum" im Osten durch Enteignung, im Westen durch Privatisierung, sprich durch Verkauf von Grundstücken aus öffentlicher Hand an Investoren schwand (und weiter schwindet).

Man muss sich dies vor Augen führen, um die Chancen der
Kirchen als potenziell öffentlichen Räumen, die weder Parteien

noch Investoren gehören, zu erkennen. Rechtlich gehören die Kirchen und ihre Gebäude keinen Privatleuten und auch Kirchenvorstände sind als Rechtsorgane eigentlich eher Treuhänder, denn Besitzer.

Es bleibt das Verdienst vieler Kirchen in der Spätzeit der DDR – die damals niemand als „Spätzeit" ansehen konnte – dass durch Friedensgebete und andere Veranstaltungen ein Lehr beispiel für die Wiederaneignung des öffentlichen Raums im qualitativen Sinn vorgeführt wurde. Im Westen muss man an Hausbesetzungen in Berlin-Kreuzberg und andere sog. „Sanierungsgebiete" denken, die durch symbolische Aktionen deutlich machten, dass die Totalisierung des Marktes öffentliche Räume frisst, verfügbar macht und dass dies die Demokratie auf Dauer gefährdet. Im Westen waren es die Grünen, die auf die Gefahr aufmerksam machten, dass die natürlichen Rohstoffe der Natur – Luft, Wasser, Flüsse, Berge, aber auch Marktplätze, Wege, Straßen usw. – öffentliche Rechtsgüter darstellen, ebenso wie Schulen, Krankenhäuser, Denkmäler, Theater etc.

Was also bedeuten, so gesehen, Dome und Kirchen im Zentrum der Städte? Immobilien für Investoren oder immobile Denkmäler und Raumskulpturen zur Bildung, Formung und Gestaltung einer *qualitativen* Öffentlichkeit, die die Menschen ihrer Zeit, ihrer Probleme und Hoffnungen eschatologisch, also *coram deo,* bedenkt? Oder sind Kirchen nur zu den Versammlungen der Mitglieder einer Gemeinde geöffnete Gehäuse, also eigentlich Vereinslokale, die ansonsten abzuschließen sind? Es gibt eine schöne Gründungslegende über den Start der Citykirchenarbeit in Nürnberg in St. Lorenz. Der Küster geht rufend durch die mit Touristen gefüllte Kirche und ruft: „Bitte verlassen Sie die Kirche, der Gottesdienst beginnt". Dann schließt er alle Türen ab und die Gemeinde kann „in Ruhe" in ihrem Vereinslokal ihre Feier abhalten.[21]

Die Wiederentdeckung und Wiederaneignung des öffentlichen Raums begann kirchlich damit, dass die Kirchen selbst als öffentliche Bauten, Räume und Stadtsymbole wiederentdeckt und in die eigene Regie genommen wurden. St. Nikolai in Leipzig bleibt das leuchtende Beispiel. Bis heute prangt das Schild: „Offen für alle" vor der Tür. Wer heute in Leipzig nun die Achse der Nikolaikirche in die Stadt hinein verlängert, bekommt eine Ahnung, was eine Stadtkirche war und ist: Das Wegenetz der Stadt hatte einst unmittelbaren Bezug auf die Tore der Kirchen. Sie markierten bis ins 19. Jahrhundert die Zentren der Kirchspiele, sprich Stadtteile. Was damals mitsamt der Plätze um die Kirchen herum entweder Tradition oder Privileg war, war und ist heute als Auftrag zu lesen: Kirchen sind offene und öffentliche Gebäude. Sie sind reale Hinweise auf die unabgeschlossene Geschichte Gottes mit seiner Welt und seinem Volk. Sie sind Räume der Erinnerung, der Vergegenwärtigung, der Erwartung. Darum sind sie im qualifizierten Sinn einladende, erinnernde, öffnende (und veröffentlichende) Räume und Prozesse des nie endenden Gesprächs zwischen Gott und Mensch, Mensch und Gott, Gott und der Stadt, der Stadt und Gott, Gott und der Wissenschaft, der Wissenschaft und Gott usw. Diese Bestimmungen lehnen sich an eine alte Idee, die „katholische Kathedralidee" an. Was ist damit gemeint?

8.   Die mittelalterliche Kathedralidee, Gehalt und Gestalt in protestantischer Perspektive

Lübeck, die schöne Königin der Hanse, hat mit St. Marien und St. Petri seit mittelalterlicher Zeit zwei korrespondierende und höchst unterschiedliche Kirchen in ihrem Zentrum, die gerade

---

21 Anm. Bauer, Citykirchenarbeit.

heute wieder versuchen, die Kathedralidee protestantisch und demokratisch zu reformulieren. Die *Kathedrale* hat bekanntlich ihren Namen von der *Cathedra*, dem Stuhl des Bischofs als regierendem Repräsentanten des Papstes, der wiederum der Repräsentant Christi und dessen Stellvertreter auf Erden ist. Die Kathedrale lebt von einer bis ins Einzelne durchgeführten Typologie solcher Verweise und Repräsentanzen. Seitenaltäre repräsentieren Heilige als Zuständige für diese oder jene Gruppe, diese oder jene Problemlage. Gräber und Epitaphe in den Kirchen repräsentieren Verstorbene als von Christus erlöste Glieder der einen katholischen, also allumfassenden Kirche. Sie gehören zur feiernden Gemeinde hinzu. Keine einzige städtische Lebenswelt, die nicht durch typologische Repräsentanz in den christlichen Kosmos integriert werden konnte. Es gab keine gottlose, nur eine gottwidrige Welt. Die Kathedrale war die eigentliche Heilsmitte der Stadt.[22]

Protestantische Kritik und Aufklärung haben in diesem Repräsentanz- und Integrationsmodell meist Herrschaftsarchitektur gesehen, die den Einzelnen in seiner Unmittelbarkeit zu Gott durch Imponiergesten der Tradition zu entmündigen versuchte. All dies kann hier nicht ausgeführt werden. Aber die Frage stellt sich: Kann es eine protestantische Reformulierung der Kathedralidee überhaupt geben? Ich sehe Citykirchenarbeit in engerem Sinne tatsächlich als Großversuch an, die Katholizität des Raumes mit seiner typologischen Architektursymbolik protestantisch neu zu adaptieren. In schöner protestantischer Vielfalt unterscheide ich hier drei Typen solcher protestantischer Wiederaneignung:

---

22 Vgl. W. Grünberg, Die Idee der Stadtkirche, in: Ders., Die Sprache der Stadt, Leipzig 2004.

1. Die Traditionalisten

Gemeint sind diejenigen, die aus dem riesigen Fundus des „Gedächtnisses des Raumes", seiner früheren Nutzungsmöglichkeiten, auch seiner stadtkirchlichen Funktionen, diejenigen Modelle und Module aussuchen, die heute mit Aussicht auf Resonanz und Akzeptanz wieder liturgisch inszenierbar sind. „Gregorianik in der Kirche", Osternacht mit Taufen aller ungetauften KonfirmandInnen eines Ortes etc. sind Beispiele dieser Typen.

2. Die Avantgardisten

Gemeint sind z.B. jene, die in gegenwärtiger Kunst, Literatur, Musik, Theater, Kino usw. entweder den Spiegel des Zeitgeistes sehen, der der Gegenwart als Incognito des Heiligen Geistes vorzuhalten ist. Es geht darum, im Dialog zwischen dem Geist der Kirche, des Raumes und der Kunst Kritik zu äußern, aber auch Spuren zu entdecken, die ins Morgen führen, also anstiften, die Herausforderung der Zukunft aufzugreifen (Kunststation St. Peter. Köln: Petrivision in St. Petri, Lübeck: interreligiöse Initiativen etc.).

3. Die kreativen Bastler

Ich meine damit diejenigen, die mit großer Intuition und Improvisation im Raum ausprobieren, was geht und was nicht geht, die im Umfeld der Kirche, in Stadtteil oder Stadt, Versorgungslücken entdecken, die in der Kirche befriedigt werden können. Vgl. die großartigen Einfälle und Initiativen in der „Offenen Kirche St. Elisabethen", Basel.

Bei aller Unterschiedlichkeit der Ausführungen – in allen Fällen ging und geht es darum, Katholizität protestantisch zu reformulieren und prozesshaft zu inszenieren. Angesichts der Ausdifferenzierung der Lebenswelten, der Individualisierung und Pluralisierung, sozialer und gesellschaftlicher Segregationstendenz steigt der innere und äußere Bedarf an Initiativen und Institutionen, die *integrativ* auf Einzelne, auf bestimmte gesellschaftliche Gruppen, auf die Stadt als Ganze wirken. Ich sehe dennoch in den drei idealtypisch unterschiedenen Gruppen ein großes praktisches Erneuerungspotential zur Vitalisierung der evangelischen Kirche in ihrer Position als qualifizierter Minderheit, wenn sie die Flucht in freikirchlich-private Nischenkulturen bewusst vermeidet und zugleich allen imperial-klerikalen Herrschaftsansprüchen bzw. -versuchungen widersteht, aber gleichwohl am Horizont der Kathedralidee und ihrer „Katholizität" in protestantischem Geist festhält.

Generell gesehen kann man feststellen, dass sich die Schlüsselpersonen der Citykirchenarbeit mehr und mehr dem kulturprotestantischen Paradigma anschließen bzw. in diesem verankert sind. Ebenfalls kann man feststellen, dass Schlüsselstellungen an großen Citykirchen starke Persönlichkeiten anziehen. Aber die „zweite" Generation der Citykirchenarbeit steht in den Startlöchern und wird neue Profile und Perspektiven einbringen.

Seit 1989 läuft zugleich ein doppelter, interessanter Großversuch, einmal der, wie sich die theologischen Paradigmen in Ost und West entwickeln werden, zum anderen, wie sie sich zwischen mehr lutherisch geprägten Traditionen in Deutschland und mehr reformierten Traditionen in der Schweiz fortschreiben werden, sich ergänzen und verändern. Es bleibt spannend.

V. Anlagen

Wolfgang Grünberg, Ralf Meister

Thesen zur Citykirchenarbeit (1998)[23]
Citykirchenarbeit als Neuinszenierung des Christlichen

Citykirchen als zentrale Stadtkirchen verweisen – räumlich gesehen –, auf das Zentrum der Stadt (bzw. des Stadtteils). Sie stellen allein durch ihre Existenz die Frage nach der äußeren und der inneren Mitte der Stadt. Sie repräsentieren in der Regel Stadt-, Kunst-, und Kirchengeschichte vergangener Zeiten. Sie haben stadtweite Ausstrahlung und prägen die Identität der Stadt. Sie stehen für das Woher und Wohin des Lebens und halten die Frage nach Gott offen. Sie sind produktive Fremdkörper im Stadtdesign der Gegenwart.

Die Aufgaben und Chancen der Citykirchenarbeit ergeben sich aus folgenden Grundbestimmungen:

I.   Die Stadtkirche als Gottes-Haus
II. Die Stadtkirche als Genius loci der Stadtidentität
III. Die Stadtkirche als Asylort
IV. Die Stadtkirche als Spielraum

I.   Die Stadtkirche als Gottes-Haus

Kirchen sind exemplarische, aber nicht exklusive Orte der Präsenz Gottes in der Welt. Sie erinnern an die unabgeschlossene Geschichte Gottes mit dem Menschen. Sie sind Orte, die zur Begegnung mit Gott einladen. Kirchen gehören Gott.

Stadtkirchen sind lebendige Gasthäuser Gottes, in denen Mittel des Lebens ausgeteilt werden. Dazu gehören aber nicht nur

---

23 Dieses Thesenpapier wurde einstimmig akzeptiert und beschlossen von der Citykirchenkonferenz am 27.10.1998 in Frankfurt/Main.

die sakramentalen Gaben, sondern auch eigene Orte der Stille und – in erreichbarer Zuordnung – Zonen der Rekreation und realer Gastlichkeit.

Vor allem aber müssen die Türen geöffnet sein! Zumindest muß ein Vorraum der Kirche öffentlich zugänglich sein. von dem auch das Innere der Kirche eingesehen werden kann und erkennbar ist, wann die ganze Kirche für alle geöffnet ist.

Stadtkirchen gehören weder einzelnen Gemeinden noch einzelnen Bürgerinnen und Bürgern. Stadtkirchen gehören auch nicht der Amtskirche. Stadtkirchen sind Symbole dafür, daß die Stadt zwar von Generation zu Generation tradiert und gestaltet wird, aber als Wohn- und Lebensbereich zukünftiger Generationen dem Gemeinwesen als ganzem in Verantwortung übergeben worden ist, darum nicht total parzelliert als Ensemble privatrechtlicher Eigentumsanteile gewertet und genutzt werden darf. Symbolisch gesprochen: die Stadtkirche erinnert daran, daß die Erde „heilig" ist, also Gott gehört und uns nur zur verantwortlichen Verfügung in Obhut gegeben ist.

In diesem Sinne realisiert Citykirchenarbeit zuerst Gottes Dienst an den Menschen und ist zugleich der menschliche Versuch, das Leben vor Gott zu verantworten. Gottesdienst als Dienst Gottes an den Menschen und menschliche Antwort entfaltet sich in spirituelle und sozialdiakonische, in politische und kulturelle Arbeit. Die Liturgie des Gottesdienstes ist selbst Erinnerung und Einübung der gottgegebenen Würde und Verheißung des Menschen und in diesem Sinn auch ein Dienst am Gemeinwesen als ganzem.

II.   Die Stadtkirche als Genius loci der Stadtidentität

Stadtkirchen (im Unterschied zu Bischofskirchen) verdanken in der Regel ihre bauliche Errichtung Beschlüssen des politischen Gemeinwesens. Sie waren Orte zur Bildung der Stadtöffentlichkeit. In ihnen wurde das Gewissen der Stadt geformt und sie bergen bis heute das „Gedächtnis der Wunder" (Psalm 111,4), aber auch der Wunden, sie sind darum ein lebendiges Stadtgedächtnis. Stadtkirchen bleiben, – auch in kirchlicher Verantwortung –, der Stadt als ganzer verpflichtet.

Citykirchen als zentrale Stadtkirchen sind Foren für stadtrelevante Auseinandersetzungen. Der Diskurs über Heil und Unheil der Stadt findet nicht nur im Rathaus und auf dem Marktplatz statt. sondern gehört auch in die Stadtkirche. Erfahrungen haben gezeigt. daß in Stadtkirchen Konfliktparteien neu zueinander finden können, neue Lösungen erdacht werden können. wie es in anderen Räumen nicht möglich ist.

Stadtkirchenarbeit ist erkennbare Zeitgenossenschaft. Sie geschieht in Sympathie mit den „treuen Kirchenfernen". Dabei handelt Citykirchenarbeit häufig exemplarisch für die christlichen Gemeinden der gesamten Stadtregion. Die unterschiedlichen Sektoren städtischen Lebens werden durch die Citykirchenarbeit angesprochen. Stadtweite Öffentlichkeit zu bilden ist ein zentrales Ziel der Stadtkirchenarbeit, die damit der Ansicht widerspricht, Religion sei (lediglich) Privatsache. Geöffnete Stadtkirchen werden alltäglich von mehr Menschen aufgesucht als an normalen Sonntagen. Dies gilt nicht nur in Touristenstädten. Stadtkirchen als Refugien des Heiligen werden in der Stadt dringend gebraucht. Darum sollten Stadt- bzw. Citykirchen als Morgen-, als Tages-, als Abend-, und als Nachtkirchen „arbeiten". Es gibt ermutigende Erfahrungen in dieser Richtung.

III. Die Stadtkirche als Asylort

Stadtkirchen sind die Heimstatt der in der Bergpredigt Seliggepriesenen. In Stadtkirchen wird das Glück und das Leid der Menschen bewahrt und gestaltet. Sie sind Schutzräume für Menschen in Not, aber auch für verfolgte Meinungen, bedrohte Traditionen und verdrängte Gefühle. Stadtkirchen sind Klagemauern und Hoffnungszeichen. Wünsche, Hoffnungen und Gebete, die hier

ausgesprochen wurden und werden, geben der Stadtkirche ihre
Aura und ihre Würde.

Stadtkirchen sind heilsame Inseln. Sie sind Asylorte für seelische Grundbedürfnisse. Sie repräsentieren in der Hektik des
Alltags ein anderes Raumerleben und eine andere Zeiterfahrung.
Kirchen bergen das Heilige und schützen die Seele des Menschen. Sie repräsentieren die Ewigkeit in der Zeitlichkeit. Sie
sind als währendes Gedächtnis der Zeiten und als symbolische
Repräsentanz des gesamten bewohnten Weltkreises, der Ökumene, Heimat aller Fremden und im Notfall auch Zufluchtsort
für Verfolgte. Stadtkirchenarbeit lebt von ökumenischer und
zunehmend auch von interreligiöser Offenheit. Stadtkirchenarbeit inszeniert in bewußter Aufnahme prophetischer Tradition
symbolische Handlungen, die sich auf das Gemeinwesen als
Ganzes beziehen.

Der lokale Festkalender sowie herausragende Ereignisse und
das christliche Festjahr mit seinem besonderen Profil dienen als
„öffentliche Agende" der Citykirchenarbeit.

IV. Die Stadtkirche als Spielraum

Stadtkirchen sind Spielräume evangelischer Freiheit. Diese Freiheit findet ihren Ausdruck sowohl in der Kritik der Todesmächte
der jeweiligen Zeit als auch in Inszenierungen des Lebens in
Kunst, Kultur, in Diakonie und Kommunikation.

Die Stadtkirche ist ein Raum für „Spielleute". Kinder und
Künstler haben ein besonderes Verhältnis zur Zukunft. Sie spielen neue Möglichkeiten durch und inspirieren das Gespräch zwischen den Menschen und Gott. Dabei geht es nicht um kirchliche
Nischen oder Spielwiesen, sondern um zukunftsorientierte Versuche, dem Auseinanderdriften der „gespaltenen Stadt" und den
indifferent nebeneinander lebenden Milieus entgegenzuwirken.

Zur Stadtkirchenarbeit gehört die Nutzung und Gestaltung
des gesamten Ensembles von Kirche und Kirchhof, der Ver-

gegenwärtigung der alten „Freistatt", dem „Vorhof" mittelalterlicher Kathedralen als Schutzbereich. In diesem Sinne ist
Citykirchenarbeit ebenso Vergegenwärtigung vergangener Möglichkeiten, wie auch Zukunftswerkstatt. Sie experimentiert mit
neuen Arbeitsformen, alternativen Finanzierungssystemen und
kann so eine Leitfunktion für kirchliches Handeln in der Zukunft
übernehmen.

Stadtkirchenarbeit steht in einem großen Zusammenhang:
kein Stadtfriede ohne Religionsfriede, kein Religionsfriede ohne
Toleranz und Gerechtigkeit, keine Gerechtigkeit und Toleranz
ohne Schutz der Menschenrechte und der Minderheiten und
Bewahrung der Schöpfung. Stadtkirchen arbeiten dem Schalom
Gottes als Ziel und Hoffnung der Geschichte entgegen.

Autor:innenverzeichnis

Christina-Maria Bammel (*1973), Dr., geboren in Berlin (Ost), Studium in Marburg, Berlin und Philadelphia (USA), Pfarrerin der Evangelischen Kirche Berlin-Brandenburg-schlesische Oberlausitz, seit 2020 Pröpstin der EKBO und damit theologische Leitung des Konsistoriums der EKBO.

Martin Germer (*1956), war seit 2005 Pfarrer an der Kaiser-Wilhelm-Gedächtnis-Kirche. Die Friedensbedeutung dieser in 1959–1963 in deutsch-französischem Zusammenwirken entstandenen und durch die erhaltene Turmruine sowie die Stalingrad-Madonna und das Nagelkreuz von Coventry geprägten Kirche liegt ihm besonders am Herzen. In Reaktion auf den islamistisch motivierten Terroranschlag 2016 hat er die Kirche zu einem Ort christlich-muslimischer Begegnung weiterentwickelt. Ebenso wichtig sind ihm Kooperationsgottesdienste mit Landwirt:innen, Gewerkschafter:innen und Fußballfans.

Wolfgang Grünberg (*10. August 1940 in Swinemünde; †13. August 2016 in Hamburg), Prof. Dr., Grünberg studierte evangelische Theologie an den Universitäten Tübingen, Hamburg, Heidelberg und Berlin. Vikariat in Berlin und St. Louis. 1971–1978 war er Pfarrer der Kirche im Gemeinwesenzentrum Heerstraße Nord (Berlin-Staaken) und 1978–2005 Professor für Praktische Theologie an der Universität Hamburg. 1987 gründete er die Arbeitsstelle „Kirche und Stadt" am Fachbereich Evangelische Theologie der Universität Hamburg, die er bis 2015 leitete.

Gregor Hohberg (*1968 in Berlin Ost), Kindheit und Jugend in der Uckermark. Studium Ev. und Kath. Theologie und Philosophie in Berlin und München. Nach Stationen am Berliner Dom

(Theologischer Leiter des Besucherdienstes), an der Katholische Akademie und der Kaiser Wilhelm Gedächtniskirche (Vikariat), Spezialvikariat bei Wolfgang Grünberg (Erarbeitung eines city-kirchlichen Nutzungskonzeptes für Potsdamer Garnisonkirche). Ab Mai 2002 Gründer der Citykirchenarbeit an der St. Marien-kirche und 20 Jahre Citykirchen- und Gemeindepfarrer dort. Als solcher Initiator des House of One Projektes und seit 2010 Pfar-rer im Präsidium der Stiftung House of One.

Susann Kachel (*1978), Pfarrerin und Leitung Segensbüro Ber-lin (Kasualagentur); zunächst Romanistik-Grundstudium (Fran-zösische Sprach- und Literaturwissenschaft) in Berlin und Paris, anschließend Studium der Ev. Theologie in Berlin und Hamburg, Vikariat und Entsendungsdienst u.a. im Kirchenkreis Berlin Stadtmitte, zusätzliche Ausbildungen als Familientherapeutin und Beraterin (ddif) und Coach (InKuR).

Michael Kösling (*1976), Königs-Wusterhausen, Studium in Rostock und Leipzig. Nach Vikariat in der Schlesischen Ober-lausitz, Pfarrer in der Berliner Innenstadtgemeinde am Wein-berg, seit 2013 Domprediger am Berliner Dom. Regelmäßiger Autor der Worte zum Tage auf Deutschlandfunk Kultur und Autor bei den Predigtstudien. Seit 2021 Personzentrierter Coach (fakd/GwG).

Annegret Kaufmann (*1982), Studium der Ev. Theologie in Neuendettelsau, Budapest, Tübingen und Berlin, 1. Theolo-gisches Examen 2014. Seit 2016 in der Kirchengemeinde Alt-Tempelhof und Michael Mitarbeiterin in der Arbeit mit Älteren Erwachsenen und seit 2018 im Kirchenkreis Tempelhof-Schöne-berg in der Beratungsstelle für Trauernde. Ab Sept 2022 Vikariat in Berlin.

Nils Petersen (*1970), Dr., Studium der evangelischen Theologie, Sonderpädagogik und Diakoniewissenschaft. Er war Dorf- und Werkstattpastor in Schleswig-Holstein, Dozent am Institut für berufliche Aus- und Fortbildung (IBAF) und Wissenschaftlicher Geschäftsführer der Arbeitsstelle Kirche und Stadt an der Universität Hamburg; Lehrbeauftragter an der Evangelischen Hochschule „Das Rauhe Haus", der Fachschule für Heilerziehungspflege der Evangelischen Stiftung Alsterdorf und dem FB Evangelische Theologie der Universität Hamburg. Er ist Dozent für Theologie an der Hochschule für Musik und Theater. 2014–2019 hat er als Pfarrer die Hamburger Rathauspassage geleitet und ist seit 2020 Pfarrer in der Luthergemeinde Hamburg-Bahrenfeld.

Amelie Renz (*1990), geboren in Ulm, Studium der evangelischen Theologie und Philosophie in Marburg und Berlin, Vikariat in der Evangelischen Kirchengemeinde Prenzlauer Berg Nord, seit Januar 2022 im Entsendungsdienst im Kirchenkreis Neukölln, mit 50% als Gemeindepfarrerin in Martin-Luther-Genezareth und mit 50% im Segensbüro tätig.

Bertram Schirr (*1982), Dr. theol., Studium der Ev. Theologie in Berlin, Greifswald und an der Universität Oxford, 2011 Master of Theology (Oxon), Stipendiat der Studienstiftung des Deutschen Volkes. Nach dem 1. Examen 2012 wiss. Mitarbeiter am Lehrstuhl für Theologie und Geschlechterstudien der Theologischen Fakultät der Humboldt Universität zu Berlin, 2013 Promotionsstipendium der Friedrich Ebert-Stiftung, 2016 Dr. theol. an der Georg-August-Universität Göttingen in Praktischer Theologie/Liturgik mit empirischer Arbeit zu nichttraditionellen Fürbittenpraktiken. Nach Vikariat und Entsendungsdienst u.a. als Referent der Generalsuperintendentin von Berlin Ulrike Trautwein Gemeindepfarrer in Alt-Tempelhof und Michael in

Berlin. Mitglied der Societas Liturgica und fortlaufend Beiträge zur Liturgik der Gegenwart, Performance, Improvisation, Gender und Praktischen Theologie.

Bernd Schwarze (*1961), Dr. theol., Pastor an der Kultur- und Universitätskirche St. Petri zu Lübeck, Dozent für Evangelische Theologie an der Musikhochschule Lübeck, Ehrenbürger der Universität zu Lübeck, Musiker, Autor und Theatermacher.

Christoph Sigrist (*1963), Prof. Dr., lehrt und forscht als Titularprofessor für Diakoniewissenschaft an der theologischen Fakultät der Universität Bern und arbeitet seit 2003 als Pfarrer am Grossmünster in Zürich. Daneben engagiert er sich in verschiedenen Stiftungen und Vereinen im diakonischen Bereich, in Zürich und schweizweit.

Ilka Sobottke (*1966 in Bad Segeberg), Studium in Heidelberg und Rom, Vikariat in Baden und Neapel, seit 1999 Pfarrerin in Mannheim, Aufbau einer offenen Stadtkirchenarbeit an der CityKirche Konkordien, zwanzig Jahre Studierendenpfarrerin, Rundfunkarbeit beim SWR und drei Jahre Wort zum Sonntag in der ARD. Ein besonderer Fokus liegt auf der interreligiösen Zusammenarbeit, sowie im sozialdiakonischen Bereich mit Wohnsitzlosen, Geflüchteten und Kindern.

Barbara von Bremen, 1989–2015 Citykirchenpfarrerin an St. Petri, Dortmund, seit 2016 in Berlin im (Vor-)Ruhestand, ehrenamtlich engagiert in der Heilig-Kreuz-Kirche, Berlin-Kreuzberg, 2021 im Rahmen einer Pfarr-Vertretung beteiligt am Fusionsprozess von St. Thomas mit den Nachbargemeinden.

Außerdem sind im Verlag folgende Bücher erschienen:

Reihe: *Kirche in der Stadt*

Die Bände 1, 2 und 10
sind im Augenblick vergriffen

H. Dannowski, W. Grünberg,
M. Göpfert, G. Krusche (Hg.)
Bd. 3: Die Armen und die Reichen
Soziale Gerechtigkeit in der Stadt
94 S., kart., ISBN 978-3-923002-76-4

Dannowski, Grünberg, Göpfert,
Krusche, Meister (Hg.)
Bd. 4: Götter auf der Durchreise
Knotenpunkte des religiösen
Verkehrs
116 S., kart., ISBN 978-3-923002-75-7

Dannowski, Grünberg, Göpfert,
Krusche, Meister (Hg.)
Bd. 5: Citykirchen
Bilanz und Perspektiven
219 S., kart., ISBN 3-923002-92-0

Dannowski, Grünberg, Göpfert,
Krusche, Meister (Hg.)
**Bd. 6: Kirchen - Kulturorte der
Urbanität**
218 S., kart., ISBN 978-3-930826-06-3

Dannowski, Grünberg, Göpfert,
Krusche, Meister (Hg.)
Bd. 7: Fremde Nachbarn
Religionen in der Stadt
261 S., kart., ISBN 978-3-930826-21-6

S. Borck, G. Groß, W. Grünberg,
D. Werner, T. Becker (Hg.)
Bd. 8: Hamburg als Chance der Kirche
Arbeitsbuch zur Zukunft der
Großstadtkirche, *2. erw. Aufl.*
363 S., kart., ISBN 978-3-930826-36-0

Dannowski, Groß, Grünberg, Göpfert,
Krusche, Meister (Hg.)
Bd. 9: Gott in der Stadt
Analysen - Konkretionen - Träume
264 S., kart., ISBN 978-3-930826-42-1

F. Brandi-Hinnrichs, A. Reitz-Dinse,
W. Grünberg (Hg.)
Bd. 11: Räume riskieren
Reflexion, Gestaltung und Theorie in
evangelischer Perspektive *2. Aufl.*
282 S., kart., ISBN 978-3-930826-98-8

F. Brandi-Hinnrichs, A. Reitz-Dinse,
W. Grünberg (Hg.)
Bd. 12: stadt - plan
Sichtweisen auf Hamburg
In diesem Buch werden aus verschiedenen Disziplinen Sichtweisen auf das
urbane Leben der Metropole Hamburg
vorgestellt.
205 S., kart., ISBN 978-3-936912-24-1

Tobias Woydack
Bd. 13: Der räumliche Gott
Was sind Kirchengebäude theologisch?
Der Gottesbezug der Menschen ist
nicht nur zeitlich – als Kairos der Got-
tesbegegnung – zu denken, sondern mit
gleichem Recht auch räumlich. *2. Aufl.*
247 S., kart., ISBN 978-3-936912-20-3

Friedrich Brandi-Hinnrichs, Wolfgang
Grünberg, Annegret Reitz-Dinse (Hg.)
Bd. 14: Verstecke Gottes
zwischen Kultur und Religion
284 S., kart., ISBN 978-3-936912-98-2

Erika Grünewald
**Bd. 15: Kunstgeschichte und
Kirchenpädagogik**
Ungelöste Spannungen
361 S., kart., ISBN 978-3-86893-021-4

Reingard Wollmann-Braun
Bd. 16: Gemeinsam Gedenken wagen
*St. Jakobi zu Stettin/Szczecin als Beispiel
christlicher Erinnerungskultur*
415 S., kart., ISBN 978-3-86893-022-1

Christian Bingel, Hans-Martin
Gutmann, Alexander Höner, Sabine
Sharma, Tobias Woydack (Hg.)
Bd. 17: Theologie der Stadt
Zusammenleben als Fluch und Ge-

schenk Gottes. Küchenfestschrift für
Wolfgang Grünberg zum 70. Geburtstag.
253 S., geb., ISBN 978-3-86893-036-8

Holger Dörnemann
Bd. 18: Kirchenpädagogik
Ein religionsdidaktisches Prinzip
Grundannahmen – Methoden –
Zielsetzungen
384 S., kart., ISBN 978-3-86893-063-4

Nils Petersen
**Bd. 19: „… so wie ich Euch geliebt
habe!"**
Überkommene und aktuelle
Begründungsfiguren einer
diakonischen Kirche
346 S., kart., ISBN 978-3-86893-077-1

Lennart Berndt
**Bd. 20: St. Nikolai Kiel als
lebendiger liturgischer Raum**
Eine Untersuchung der
Wechselbeziehungen von Kirchenbau
und liturgisch-kybernetischen
Konzeptionen in der Kieler
Nikolaikirche in der zweiten Hälfte
des 20. Jahrhunderts und den ersten
Jahren des 21. Jahrhunderts
233 S., kart., ISBN 978-3-86893-116-7

Gerhard Altenburg
**Bd. 21: Kirche – Institution im
Übergang**
Eine Spurensuche nach dem Kirchen-
verständnis Ernst Langes
634 S., kart., ISBN 978-3-86893-122-8

Nils Petersen (Hg.)
Bd. 22: Stadtliturgien
Visionen, Räume, Nachklänge
122 S., kart., ISBN 978-3-86893-224-9

Alexander Höner (Hg.)
Bd. 23: Geld und Geist
Mächte, Interessen und Spielräume in
der Stadt. Dokumente der CityKirchen-
Konferenz
279 S., kart., ISBN 978-3-86893-300-0

Christoph Sigrist (Hg.)
Bd. 24: Chicago-Resonanzen
Dokumente der CityKirchenKonferenz
174 S., kart., ISBN 978-3-86893-320-8

Nils Petersen (Hg.)
Bd. 25: Kirche im öffentlichen Raum
Umbaute Orte und offene Plätze in der
Dynamik der Stadt
Dokumente der CityKirchenKonferenz
166 S., kart., ISBN 978-3-86893-345-1

Alexander Höner (Hg.)
**Bd. 26: Wie Corona die Citykirchenar-
beit herausgefordert hat**
Try & Error 2020–2021
Dokumente einer nicht
stattgefundenen CityKirchenKonferenz
220 S., kart., ISBN 978-3-86893-408-3

Reihe: *Theologisches Labor Berlin*

Christopher Zarnow, Birgit
Klostermeier, Rüdiger Sachau (Hrsg.)
**Bd. 1: Räumliche Konfigurationen
und theologische Deutungen**
269 S., kart., ISBN 978-3-86893-297-3

Reihe: *Netzwerk Kirche*

Wolfgang Nethöfel,
Klaus-Dieter Grunwald (Hg.)
Bd. 1: Kirchenreform jetzt!
Projekte - Analysen - Perspektiven
388 S., kart., ISBN 978-3-936912-31-9

Wolfgang Nethöfel,
Gerhard Regenthal (Hg.)
Bd. 2: Christliche Identität profilieren
Corporate Identity im kirchlichen
Bereich
316 S., kart., ISBN 978-3-936912-73-9

Stefan Bölts, Wolfgang Nethöfel (Hg.)
Bd. 3: Aufbruch in die Region
Kirchenreform zwischen Zwangsfusion
und profilierter Nachbarschaft
475 S., kart., ISBN 978-3-936912-88-3

Stefan Bölts, Wolfgang Nethöfel (Hg.)
Bd. 5: Pfarrberuf heute
Befragungen und Studien zum
Pfarrberuf
373 S., kart., ISBN 978-3-86893-029-0

Anke Wiedekind
Bd. 6: Wertewandel im Pfarramt
Eine empirische Untersuchung über
die Professionalität im Pfarramt
266 S., kart., ISBN 978-3-86893-189-1

Wolfgang Nethöfel, Holger Böckel,
Steffen Merle (Hg.)
Bd. 7: Vielfältige Vernetzung
Hinauswachsen aus der Großkirche
348 S., kart., ISBN 978-3-86893-228-7

Manuel Kronast
Bd. 8: Irritation und Vernetzung
Pastorale Kommunikation im Spiegel
der Pfarrerbefragungen
380 S., kart., ISBN 978-3-86893-263-8

Steffen Merle
Mitglieder gewinnen
Eine semiotische Rekonstruktion von
religiösen Orientierungs- und
Bindungsprozessen im Kontext der
Evangelischen Kirche
404 S., geb., ISBN 978-3-86893-162-4

Holger Böckel
Führen und Leiten
Dimensionen eines evangelischen
Führungsverständnisses
791 S., geb., ISBN 978-3-86893-157-0

Holger Böckel
**Einführung in die Wirtschafts- und
Unternehmensethik**
Begründung aus ihren kulturellen,
religiösen und ökonomischen Wurzeln
Ein Lehrbuch
209 S., kart., ISBN 978-3-86893-205-8

Holger Böckel
**Inszenierung als Leitmotiv in
Praktischer Theologie und
Religionspädagogik**
Theatrale Aspekte in Kultur, Kirche und
Bildung
335 S., kart., ISBN 978-3-86893-237-9

Holger Böckel
Spiritualität und diakonischer Auftrag
Praktisch-theologische Grundlagen für
christliche Organisationen
350 S., kart., ISBN 978-3-86893-286-7

Marita Schiewe
**Viola Schmid: Texte zum Konziliaren
Prozess – von Vancouver bis Seoul**
Von der kirchlichen Öffentlichkeitsar-
beit zur öffentlichen Theologie
343 S., kart., ISBN 978-3-86893-298-0

Steffen Merle (Hg.)
zusammen in Vielfalt glauben
Festschrift „200 Jahre Hanauer Union"
438 S., geb., ISBN 978-3-86893-285-0

Hans Günter Heimbrock,
Silke Leonhard, Peter Meyer und
Achim Plagentz (Hg.)
Religiöse Berufe – kirchlicher Wandel
Empirisch-theologische Fallstudien
356 S., kart., ISBN 978-3-86893-108-2

Hans-Günter Heimbrock und
Christopher Scholtz (Hg.)
Kirche: Interkulturalität und Konflikt
In Gemeinschaft mit Achim Plagentz
und Dietmar Burkhardt
303 S., kart., ISBN 978-3-86893-221-8

Ulrich Dehn
Annäherungen an Religion
Religionswissenschaftliche Erwä-
gungen und interreligiöser Dialog
189 S., kart., ISBN 978-3-86893-172-3

Ulrich Dehn
**Weltweites Christentum und
ökumenische Bewegung**
221 S., kart., ISBN 978-3-86893-135-8

Ulrich Dehn
Geschichte des interreligiösen Dialogs
238 S., kart., ISBN 978-3-86893-322-2

Ulrich Dehn
Sōka Gakkai
Geschichte und Gegenwart einer buddhistischen Laienbewegung
144 S., kart., ISBN 978-3-86893-389-5

Ralf Kötter
Das Land ist hell und weit
Leidenschaftliche Kirche in der Mitte der Gesellschaft
254 S., kart., ISBN 978-3-86893-147-1

Miriam Löhr
Rituale von Zwang bis Segen
Zwangsstörungen in seelsorglicher Perspektive
311 S., kart., ISBN 978-3-86893-336-9

Hans-Martin Gutmann, Alexander Höner, Swantje Luthe (Hg.)
Poesie, Prophetie, Power
Dorothee Sölle – die bleibende Provokation
324 S., kart., ISBN 978-3-86893-117-4

Hans Martin Gutmann
sich einsetzen, sich hingeben, sich nicht hergeben
Protestantische Einwürfe zu umstrittenen Lebenshaltungen
Zum 75. Geburtstag von Manfred Josuttis.
262 S., kart., ISBN 978-3-86893-060-3

Hans Martin Gutmann
Mein Vater und der Krieg
Eine praktisch-theologisch interessierte Suchbewegung zu Individualität, Politik und Religion
190 S., kart., ISBN 978-3-86893-107-5

Hans-Martin Gutmann
„Irgendwas ist immer"
Durchs Leben kommen. Sprüche und Kleinrituale – die Alltagsreligion der Leute
154 S., kart., ISBN 978-3-86893-127-3

Hans-Martin Gutmann
Da liegt was in der Luft
Predigten und Gebete
183 S., geb., ISBN 978-3-86893-171-6

Hans-Martin Gutmann
Evangelisch leben
zwischen Religion, Politik und populärer Kultur
296 S., kart., ISBN 978-3-86893-207-2

Hans-Martin Gutmann
Protestantismus und die Liebe zum Leben
Religion, Politik und populärer Kultur
160 S., kart., ISBN 978-3-86893-383-3

Karl Friedrich Ulrichs (Hg.)
Predigten zu Händels Oratorium Messiah
214 S., kart., ISBN 978-3-86893-274-4

Nils Petersen
Poetry Slam und Predigten
Texte aus dem U-Bahnschacht
288 S., geb., ISBN 978-3-86893-272-0

Nils Petersen
Luther und die Wechselbälge
Ein Beitrag zur Rezeption zweier Tischreden Luthers
159 S., geb., ISBN 978-3-86893-169-3

Nils Petersen, Mehrdad Zaeri
erzählte bilder
Durchgängig illustriert mit farbigen Bildern von Mehrdad Zaeri und Texten von Nils Petersen
120 S., geb., ISBN 978-3-86893-169-3
Begleitend zum Buch ist eine CD erhältlich:

Kerstin Petersen
stille töne
Arvo Pärt, Jean Langlais, Johann
Sebastian Bach, Felix Mendelssohn
Bartholdy
Kerstin Petersen – Orgel

Hans-Jürgen Benedict
Erzählte Klänge
Musikbeschreibung in der deutschen
Literatur
271 S., kart., ISBN 978-3-86893-282-9

Hans-Jürgen Benedict
Was Gott den Dichtern verdankt
Literarische Streifzüge und
Begegnungen
276 S., kart., ISBN 978-3-86893-023-8

Klaus Eulenberger
Totentanz auf dem Spielbudenplatz
Versuche über Gott und die Welt
Eine reizvolle Auswahl aus der langen
Reihe der Glaubenssachen, die der
Autor für das Programm des NDR
produziert hat.
280 S., geb., ISBN 978-3-936912-04-3

Carola Moosbach
Ins leuchtende Du
Aufstandsgebete und Gottespoesie
Bärbel Fünfsinn, Aurica Jax (Hg.)
144 S., geb., ISBN 978-3-86893-361-1

Gottfried Orth
Eva, Kain & Co
Was es heißt, ein Mensch zu sein und
wie dabei von Gott erzählt wird.
Eine theologische Auslegung der
Urgeschichten
169 S., kart., ISBN 978-3-86893-305-5

Gottfried Orth
Mitten im Krieg vom Frieden singen
Traditionen der Gewaltfreiheit
Mohanda Karamchand Gandhi, Albert
Schweitzer, Dietrich Bonhoeffer, Martin
Luther King, Dorothee Sölle
250 S., kart., ISBN 978-3-86893-236-2

Ingrid Wiedenroth-Gabler,
Gottfried Orth, Jürgen Wehnert
Dankbarkeit
Ein interdisziplinäres Projekt in
Literaturwissenschaft, Theologie und
Religionspädagogik
248 S., kart., ISBN 978-3-86893-329-1

Anusheh Rafi, Karsten Laudien, Robert
Wunsch, Christopher Zarnow (Hrsg.)
Impuls Schleiermacher
Aktuelle Diskussionsfelder –
rückblickend zum 250. Geburtstag
144 S., kart., ISBN 978-3-86893-362-8

Franz Brendle (Hg.). Runder Tisch der
Religionen in Deutschland
**Geschwisterlich und solidarisch –
zum Auftrag der Religionen in Zeiten
der Krise**
156 S., geb., ISBN 978-3-86893-388-8

Christoph Elsas, Thomas Gebauer,
Wilhelm Richebächer
**Band 4: Sterben, Tod und Trauer in
den Religionen und Kulturen der Welt**
Dialog zu Tod und Gerechtigkeit
zwischen Afrika und Europa
249 S., geb., ISBN 978-3-86893-200-3

Martin Bauschke
Die Goldene Regel
Staunen – Verstehen – Handeln
„Was du nicht willst, daß man dir tu, das
füg auch keinem andern zu" – erfreut
sich zunehmender Beliebtheit. Dabei
stand sie 200 Jahre lang im Schatten
des Kategorischen Imperativs Kants.
Dieses Buch ist die erste Monographie
zur Goldenen Regel in Deutschland
seit fast 50 Jahren. Es leistet einen
überfälligen Beitrag zum besseren
Verständnis, zur ethischen Rehabili-
tierung sowie praktischen Umsetzung
der Goldenen Regel.
254 S., geb., ISBN 978-3-86893-030-6